癒《いや》しの力

お金・時間・他人に
コントロール
されない生き方

望月俊孝

きずな出版

はじめに／人生は、3つのことだけすればいい

本来の自分を「思い出す」だけで、奇跡が起こり、未来が変わる！

この9人の共通点は何でしょうか？

①「貯金が底をつき、借金を重ね、家族が路頭に迷う寸前だったダメセールスマンだったところから、1年で大阪のトップセールスマンになり、現在は年商数億円の会社を経営中。著書も出版、『ありがとう』という言葉の素晴らしさを広げるため、『ありがとうカウンター』を開発し、講師としても年間100回講演できるようになりました」――内田達雄さん

②「『内臓疾患』『ストレスによる過食症で30キロの激太り』『引きこもり』『パニック障害』による薬漬けの毎日から、癒《いや》され、1年後にはライフワークを見つけ、現在は講師として日本

全国を飛びまわれるまでに。人生が１８０度、変わりました」――城市奈津子さん

③「自分のことが好きになれず、結婚にも消極的だった自分と訣別《けつべつ》。おつき合いして5時間後にプロポーズされ、出会ってわずか2ヵ月後に電撃結婚する運命のパートナーに出会え、幸せな毎日です」――山下三樹さん

④「2度の破産の危機を経験し、38度の発熱に半年以上も苦しむ日々から、ライフワークを見つけ、『ローフード・スクール』を開講。８年間で25誌を超える雑誌掲載やＴＶ出演、７冊の書籍を出版し、コンビニに本が並ぶなど想像以上の人生が起きています」――森睦美さん

⑤「起業には積極的でない風土の地方在住でありながら、ヒーリング・スクールを開校するという夢に出会い、数ヵ月後にはたった数日の間に参加費30万円の講座に15名の方が一氣《き》にお申し込みいただくことも経験できました！」――ハーモニー・ルイさん

⑥「『お金』『時間』『他人』に縛《しば》られ続けた生活から、スピリチュアルアーティスト・セラピス

トとして独立。半年もたたないうちに、会社員時代の年収を超えることができました。スピリチュアルアーティストとしては、初めての個展で100名以上、その後も3回、個展を行い、100〜160名以上にご来場いただけました。また根深かった男性恐怖症も克服。現在は、男性クライエントが4割を占め、セラピストとしても成長しています」――井内菜摘さん

⑦「数年前に大病で生死を彷徨《さまよ》い、生きることに自信をなくしたところから抜け出し、人生をイキイキ生きる自信と勇氣と使命を見つけ、『たった3日で人生を変えるセルフイメージアップ講座』が人気になるなど毎日を心豊かに生きています」――黒島慈子さん

⑧「出社するたびに文句を言われ、人間関係に悩んだ仕事から独立を決意。フリーランスとして働きだすと、会社を辞めた翌月から収入が倍になり、周りの人から感謝され、才能を賞賛される日々を送っています」――木村博史さん

⑨「スキーの事故がもとで、首から下が完全に麻痺《まひ》、手足も動かず、一生寝たきり生活を宣言された状態から、4ヵ月で自力で歩き、職場である中学校に復帰。スキー事故から学んだ命

の大切さ、5つの誓い、夢、仲間の大切さを語る『命の授業』の講演会を全国47都道府県で実現、8年で1500回を数えるまでになりました。本も出版され、ビートたけしさんの『奇跡体験！アンビリバボー』で特集されました」――腰塚勇人さん

「豊かさ」

「パートナーシップ」

「家族関係」

「ライフワーク」

「健康」


ジャンルは違っても、いずれの方も実に短い期間で、驚くほど人生を変えられています。

なぜ、そんなことができたのでしょうか？

当然、本人の努力もありました。もちろん、周囲の応援や適切なタイミングもありました。もしかしたら、幸運も引き寄せたかもしれません。

でも、2つ、確実に言えることがあります。

1つ目は、9人の方々全員が、**人生を変えるために自分の意思で「学ぶ」ことを選択されたことです。**

もっとも、これだけであれば多くの方が行っていることでしょう。

世の中には、数えきれないほどの目標達成法や夢実現法があります。

大切なのは2つ目で、何を学んだか、です。

では、彼らは何を学ぶことを選んだのか？

答えは、**「癒し」の力**です。

9人の方々全員が共通して、「癒し」の力を学び、身につけられたのです。

人生の質は、連想の質で決まる

人生の質は、その人の連想の質で決まります。

「仕事」について考えた時、どんなことを連想しますか？

「成長」「成功」「笑顔」「感動」「繁栄」「昇給」「夢実現」といった言葉やイメージが瞬間的に連想され、ワクワク楽しいことや幸せ、喜び、感謝、充実感、達成感といった感情と強く結びついていたら、「仕事」に前向きになり、熱中して取り組み、成果が上がるのは言うまでもありません。

逆に「仕事」から辛《つら》いこと、苦しいこと、悩みなどが瞬間的に連想され、仕事をサボって休んだり、集中しなかったりしたら、ますます辛いこと、苦しいことが増えてくるでしょう。

あなたは、「癒し」という言葉から何を連想しますか？　その連想の中には、こんな言葉は、きっとなかったことでしょう。いずれも、あなたの人生を大きく進める要素です。

□ **チャレンジ**

□ **情熱**

□ **エネルギー**

□ **行動**

□ **リーダーシップ**

□ **勇氣**

□ **冒険**

実は、「癒し」こそがこの7つの要素の源泉です。
これはどういうことでしょうか？

人生は、3つのことだけすればいい

「人生ですることは3つだけでいい」
その3つとは、次の通りです。

［ステップ1］ まず、「私には価値がある」と自覚すること
［ステップ2］ その価値を味わうこと
［ステップ3］ その価値を広げていくこと

これ以外のことをするには、人生はあまりに短すぎます。
この3ステップを行った結果が、
ある時は「自己実現」となり、

ある時は「目標達成」となり、
ある時は「他者貢献」となるのです。
特に大事なのは、「ステップ1」です。

「私には価値がある」――すべては、ここから始まります。

「私には価値がある」と思うのと、「私には価値がない」と思うのとでは、同じ行動をしていても、まったく逆の結果を生み出します。「私には価値がある」という確信が増せば増すほど、豊かさや成功・愛などが引き寄せられます。

そして、この「私には価値がある」というスタート地点を確かなものにするのが、「癒し」の力です。そこからすべてが生まれてきます。

この本でお役に立てること

この本の目的は、ズバリ、**「『癒し』の力を手に入れ、今、あなたがどんな状況にいても、その場所から新しい人生をスタートし、夢を叶えることができるようになる」**ということです。

そのために、5章にわたり、次の内容をお伝えしていきます。

●第1章…「癒し」の7つの誤解と7つの真実

第1章では、次のことをお伝えします。

- □60万人への指導でわかった人間の持ったった1つの悩み
- □あなたの人生を留めてしまう3つの問題
- □あなたの未来が100%明るくなる2つの理由
- □「癒し」の7つの誤解と7つの真実

「なぜ、がんばっているのに思い通りの人生にならないのか？」

「どうしたら未来はもっとよくなるのか？」

をつかんでいただきます。

そのために、「『癒し』の7つの誤解と7つの真実」を初めて公開します。

「癒し」ほど誤解されている言葉もありません。
その誤解とは次の7つです。

★――「癒し」の7つの誤解

【誤解1】「癒し」とは、安心領域にしがみつくことである。
【誤解2】「癒し」とは、他から与えられるものである。
【誤解3】「癒し」とは、最終的には何もしないことに行き着く。
【誤解4】「癒し」とは、特別な人だけが才能として持っている力である。
【誤解5】「癒し」とは、マイナスをゼロにすることである。
【誤解6】「癒し」とは、過去に向けられたものである。
【誤解7】「癒し」とは、与えられるものである。

では、真実とは？　ぜひ、楽しみにしていてくださいね。

●第2章…「癒し」という冒険

第2章では、僕自身の3つの体験を通じて、

「なぜ、僕が『癒し』の力をお伝えできるのか？」

「なぜ、あなたが『癒し』の力で人生を変えられるのか？」

をつかんでいただきます。

①健康
②お金・豊かさ
③パートナーシップ

僕は、この3つの分野で「どん底」を味わいました。

しかし、「自分には価値がある」と心からわかった時、劇的な変化が起こりました。

それぞれのストーリーの中で実際に行った秘密を包み隠さず公開します。

「望月にもできたのなら、私の人生も絶対によくなるはず！」

そう思っていただけるでしょう。

●第3章…「癒し」の力を身につける究極の3つのステップ

第3章では、次のことをお伝えします。

□「まずふさわしい存在になることから始める」世界最先端の学びのシステム
□世界初公開！「癒し」を身につける究極の3ステップ
□なぜ「思い出す」だけで「身につく」のか？
□今のあなたが形づくられたたった1つの理由
□40年の研究でわかったた夢が叶うたった1つの条件
□世界をつくり、世界を癒すただ1つのもの

僕は、14歳の時から、実に40年以上「癒し」の研究と実践を行ってきました。

世界中の「癒し」のマスターや第一人者に直接指導を受け、スキルとマインドを学んできました。そのための自己投資額は1億5000万円を優に超えました。

そのエッセンスから、

「どうしたら、今の状況から『癒し』の力を身につけられるか？」

「どうしたら、自分の望む方向に人生を変えることができるか？」

をつかんでいただいたら嬉しいです。

●第4章…人生を変える学びの2つの秘策

第4章では、次のことをお伝えしていきます。

- □最高の能力開発のタイミングとは
- □1日1％だけがんばればいい理由
- □世界最高の学びを実現する6つの基準
- □あなたのステージを変えるための掛け算
- □4日で講師レベルに駆けあがることができるスロープ学習法とは？
- □教室を「パワースポット」にする7つの方法
- □人は「どこからどこまで」「どれくらい」で人生の次元を上昇できるのか？

僕は、世界中のマスターや第一人者から学ぶ中で、氣づいたことがあります。

それは、「足し算」の学び方と「掛け算」の学び方があるということです。

「足し算」の学び方は「成果」が変わります。

一方、「掛け算」の学び方は「次元」が変わります。

僕の同志とも呼べる受講生の方の劇的なストーリーとともに、一緒に見ていきましょう。

「人生を変えるには何が必要なのか?」

「『癒し』の力を使うとどうなるのか?」

をつかんでいただいたら嬉しいです。

●第5章…すべては1つの「冒険」から始まる

この本の最後に選んだテーマは「冒険」です。

人生を変える人は、「冒険」を選んでいます。

でも、多くの人にはそれができません。人の「冒険」を見るだけで満足しています。

実は、ここには「冒険」という言葉に対する大きな誤解があります。

そこを明らかにし、この本を閉じた後のあなたの旅立ちを応援するために、第5章では、僕の人生を変えた2つの冒険をお伝えします。

ですから、「冒険」に出る前の葛藤も苦難も、そして「冒険」を終えた後に待っている人生の素晴らしさもすべてお伝えすることができます。

①　お金の壁
②　時間の壁
③　他人の賛同の壁

僕らはこの3つの壁に阻《はば》まれ、どれほど人生の可能性を潰《つぶ》してきたでしょうか？

「お金」「時間」「他人」にコントロールされない生き方はできないものでしょうか？

でも安心してください。

この壁は、たった1つのことをあなたに伝えているだけなのです。

それは何でしょうか？

そして、あなたがこの本を閉じた後の人生を、「過去の延長」で終わらせるのではなく、「未来を自由に創造する」ためには何をすればよいでしょうか？

そんなことをつかんでいただいたら嬉しいです。

楽しみにしていてくださいね。

最初で最後のチャンスかもしれません

「成功の秘訣は何ですか？」

長年、執筆や研修をしていると、こんなありがたい質問をいただきます。

僕の答えは、

「望みを明確にし、そこに向かってタイミングよくアクションを起こすことです」

そこでこんな質問が出てきます。

「そのタイミングって、いつですか?」

答えは、

「素晴らしい情報や知識や人に出会った瞬間です」

その瞬間こそが、あなたに最大のインパクトを与え、行動する最高のエネルギーを生みます。

逆にいえば、その瞬間が最大にして最後のチャンスです。

ですから、この本を読み進め、何か心が動いたら、その瞬間を逃さないでください。

何かアクションを起こしてください。それだけが僕からのお願いです。

ぜひ、一緒に人生を変えていきましょう。

● 目　次

はじめに
人生は、3つのことだけすればいい

第1章

「癒し」の7つの誤解と7つの真実

第2章 「癒し」という冒険

第3章

「癒し」の力を身につける究極の3つのステップ

第4章 人生を変える学びの2つの秘策

第5章

すべては1つの「冒険」から始まる

おわりに

この完璧でない世界を旅しよう！

222

癒しの力——お金・時間・他人にコントロールされない生き方

第1章

「癒し」の7つの誤解と7つの真実

1 30年間、60万人と対話してわかったこと

こんにちは、望月俊孝です。おかげさまで還暦を迎えた現在も作家として、セミナー講師として充実した毎日を送っています。

振り返ると、過去30年以上にわたり、60万人の方々と、直接お目にかかってきました。

作家としては、30冊の出版の機会をいただき、累計75万部を世に送り、現在は7カ国語に翻訳されています。

本当に、沢山《たくさん》の方にお会いしました。

経営者、作家、講師、各分野のスペシャリストの皆様から、家庭を守るお母様、なかには幼稚園生やお腹の中の赤ちゃんにメッセージを届けたこともありました。

沢山の種類の研修を行いました。

そして、一貫して心がけているのは、

❶ 誰にも無限の可能性がある
❷ 誰にもその人だけが持つ素晴らしい価値がある

ということを体感できるような研修を行うことでした。

その結果として、受講生の皆さんの当初の目標の実現は当然のこととして、**「今までわからなかった、生まれてきた意味や生きる使命を発見できた」**という嬉しい声などを毎日いただいています。

そして、今日もまた、人生を変えたいという多くの方の真剣な想いを全身で受け止めています。

2 誰もがリーダーになれる秘訣

「本人以上に、本人の明るい未来と可能性を信じる」

僕が、人に会う時に必ず心がけていることです。

「初めて会った人の何がわかるのか？」

「人の未来や可能性を信じるなんて、できるわけない」と思われたかもしれませんね。

もちろん、人の人生はさまざまです。

歩んできた道程も、これから進む方向も、一人ひとり、みんな違います。

でも僕には、一つの信念があります。それは、

「すべての人が生まれてきた目的を知り、その目的を実現する力を持っている」

ということです。

そして、

「持てる力を最大限発揮することで、まずは自分が幸せになり」

「そんな人たちが力を合わせることで、より素晴らしい世界をつくる」

ということです。

誤解を恐れずにいえば、私たちは「**創造主である神様の代理人**」であると言えます。

そんな私たちがちっぽけな存在であるわけがありません。

実際に地球上に生物は植物も含めて175万種が存在していているといわれていています（平成20年版／環境省白書）。その中で、自ら生き方を選び、人生を自由に創造することができるのは、私たち人間だけに与えられた力です。

その証拠の1つとして、日々、新製品が次々とつくられるという例をあげるまでもなく、これだけ自由に想いや夢を形にしている生物は他にいません。

だから、僕はいつも確信を持って、目の前の方にお伝えしています。

その人が真剣に、本腰を入れて、ワクワクしながら取り組み続けている夢は叶《かな》います。

仮に叶わないことがあっても、真剣に、本腰を入れて、ワクワク取り組み続けていたら、さらに大きな夢や幸せへと私たちを導いてくれます。

数日、数ヵ月で忘れてしまい、あなたの目の前を通り過ぎてしまう淡い願望や目標はなかなか叶うことはないでしょう。あなたが「忘れようとしても忘れられない夢」や、あなたの「心のドア」を何回でもノックし続ける夢は、叶います。

「心に宿り続けるような夢だから叶う」のではなく、そもそも**「叶う夢だから心に宿る」**のです。これからのリーダーに必要なことは、「本人以上に、本人の明るい未来と可能性を信じる」ことです。

想像してみてください。
親が子どもの明るい未来と可能性を、子ども以上に信じることができ、心から応援し続けたら……。子どもはどんどん才能を発揮し、イキイキ、ワクワクますます輝いていくことでしょう！

先生が生徒の明るい未来と可能性を生徒以上に信じることができ、教え導いていったら……。グングン成績も伸び、素行も素晴らしいものになっていき、個性あふれる素晴らしい人格も磨かれていくことでしょう。

社長が社員を、上司が部下を本人以上に、明るい未来と可能性を信じることができ、指導し、相談に乗り、力を合わせていったら……。社員や部下の才能が発揮され、仕事や職場の人間関係が楽しくなり、生きがいを感じていくことでしょう。そんな会社がお客様から愛されないはずがありませんし、業績は伸びていくことでしょう。

もちろん、すべてがうまくいくとは言いません。しかし、リーダーが本人以上に、明るい未来と可能性を信じ続けることができたら、疑い続けるリーダーと比べたら雲泥《うんでい》の差が出ることは言うまでもありません。

3 赤ちゃんがすべてを手に入れられる理由

単に人を勇氣づけるためだけに、「叶う夢だから　心に宿る」とか「本人以上に本人の明るい未来と可能性を信じる」なんてことを言っているのではありません。

もう少しこの点を深掘りしてみましょう。

私たちは、何のために生きているのか？

運命は私たちをどこに導こうとしているのか？

これもまた答えのない問題ですが、1つ、確実に言えることは、

「私たちは問題を解決し、成長し、幸せになり、幸せを広げるために生きている」

ということです。

たとえば、何もできなかった赤ちゃんの頃でも、大泣きしたり、天使のような微笑みを浮かべることで、大人が助けないではいられないほどの真剣度と魅力で私たちは必要なものをすべ

て手に入れてきました。すごいことですよね。

何が「問題」であるかを知り、その「原因」を考え、どうなりたいかという「理想像」を思い描き、そのギャップを埋めるための「解決策」を生み出す。

私たちは、このサイクルを高速で、日々繰り返しているのです。

4 なぜ「解決策」が湧き出てこないのか？

「問題」はいくらでも語ることができるのに……。

でも、ここに壁があります。それは、表現力の壁です。

私たちは「問題」について語る時、とても雄弁で、とてもクリエイティブに頭が働きます。

「悩み」

「痛み」

「不安」

「課題」
「不満」
「欲求」
「期待」
「苦しみ」

さまざまな表現方法を持っています。

しかし、「原因」や「理想像」になると、途端に言葉数が少なくなります。そして、「解決策」になると、表現をするどころか、「人まかせ」「成り行きまかせ」になりがちです。

本当ならば、「解決策」が無限に湧き出てくるのが理想ですよね。

そのためには、どうすればいいか？

それは、「問題や目的をもっと明確に絞《しぼ》ればいい」のです。

問題や目的を明確にすれば、具体的な質問が生まれる。
具体的な質問さえすれば、適切な答えがやがて見つかります。

もちろん簡単なことではありません。

それでも悩んだ末に、僕は大胆な結論に達しました。

それは、結局人生の問題は3つしかないということです。

5 人生の問題は、たったの3つ

その3つとは……。

【問題1】「過去の残像」にとらわれて生きている

「昔、あんなことがあったから、今こんなに惨《みじ》めなんだ」

「昔、あんなによかったのに、なんで今はこんなに惨めなんだ？」

何をしていても、絶えず「過去の残像」が浮かび、今この瞬間に心がないのです。

【問題2】「未来の不安」を先取りして生きている

「こんな大変なことが起きたらどうしよう」

「将来どうなるかわからないから不安で仕方ない」

心配する必要がないことまであれこれ心配したり、まだ起きてもいないことやありえないことまで起こるのではないかと恐れて生きてしまいます。

その結果、今、この瞬間を楽しめないで生きてしまいます。


【問題3】「現在の安住」の中に、がんじがらめになっている

「何もしなくていいんだよ」

「そのままでいいんだよ」

あなたもこんな言葉を聞いたことがあると思います。特に「癒し」の世界では、常套句と言っていいでしょう。

たしかに、人生の中で意識して「立ち止まる」ことは大切です。

「癒し」のファーストステップであり、マインドフルネスの原則でもあります。

しかし、それは人生の大切なことから逃げて「立ちつくす」ことではありません。本当に「そのまま何もしない」でいると、ますます世界が怖くなり、人生に絶望してしまうことでしょう。

「過去」を思って自信をなくし、「未来」を心配してやる氣をなくし、「今」を楽しめない状態に陥ってしまいます。

6 90％のあなたのエネルギーが奪われている

「持ち越し苦労」と「取り越し苦労」。

3つの問題を身近に表現すると、この2つの言葉になります。

あなたも経験があるかもしれませんね。

この2つの苦労にとらわれると、人は未来に漠然とした不安を抱くようになります。

その不安を抑えるために90％のエネルギーを使ってしまい、今この瞬間に10％しかエネルギーを注げなくなります。

それは、たとえば、こんな形で現実世界にも投影されてしまいます。

【事例1】ドリームキラーにやられてしまう

「そんなことをやっても無駄だよ」

「もっと身の丈《たけ》を考えなさい」

あなたが夢を語った時に、応援してくれる人ばかりではありません。むしろ、反対したり、茶化したりする人が多いかもしれません。

残念ながら、必ず否定し非難するドリームキラーが出てきます。それがあなたを思いやってのことだとしても、「無氣力」「無価値感」で、あなたの頭と心はいっぱいになってしまうことでしょう。

その時に、多くの人は挫《くじ》けてしまい、流され、夢をあきらめてしまいます。

【事例2】目の前の人と、つながりを感じられない

「何をやっても、本氣になれない」

「せっかく仲良くなった人でも、いつ別れるか不安になる」

過去にとらわれている方は、今を楽しめません。

今この瞬間に集中できず、絶えず過去の残像と未来への不安が浮かび上がってきます。

すると、何をするのも躊躇《ちゅうちょ》してしまいます。

未来への選択も決断もしないで、なんとか、現状維持を保つのが精いっぱいとなります。もちろん新たな挑戦も行動もできません。

【事例3】何かすがりつくものを探してしまう

「どうせ自分は何もできない、何も考えられない」

「それなのに、なんでもっと助けてくれないんだ!?」

人は、自信を失うと、何かすがりつくものを探します。

「婚活」「就活」「終活」……。

しかし、大企業はおろか、この日本という国でさえも、未来永劫《えいごう》、あなたの安全を保証してくれるものはありません。

２０２０年の東京オリンピック開催以降は、日本経済は、「下りのエスカレーター」に乗るという見方もあります。

人口と経済成長は連動していて、人口が減ると経済は減速するのが経済界では常識となっています。少子高齢化で年金のシステムは崩れ、職業も半分近くはＡＩ（人工知能）に代替されてしまうとまで言われています。

何か、すがりつくものを探す人生は、「静かな怒りと絶望」の中で、下りのエスカレーターに乗ることになりかねません。

7 なぜ、あなたの未来は100%よくなると断言できるのか？

ここまで、読んで少し暗い氣分や不安に襲われたかもしれません。

ただ、ここでお伝えしたいのは、決して、あなただけの問題と感じ、ご自身を責めないでください。

あなたは、何一つ悪くありません。

僕自身も不安に襲われていた一人ですから、多くの人の氣持ちに共感できます。

そして、僕は、あなたの未来が今以上によくなることを、可能性を発揮することを確信しています。

なぜそんなことが言えるのか？

2つの理由があります。

1つ目は、今までお伝えしてきた問題の根底にあるたった一つの感情を知っているからです。

それが**「無価値感」**です。

「自分には価値がない」という氣持ちが「人生の足かせ」をつくり、あなたの人生を進ませないのです。

2つ目は、その解決策を知っているからです。

それが**「癒し」の力を身につけること**です。

「癒し」の力を通して、「自分には価値がある」と心から思えた時、その人の本当の人生が始まるのです。

ぜひ、この本を手にとったあなたの直観を信じてください。本書が助けになります。

8 「癒し」の7つの誤解と7つの真実

「癒し」には、沢山の誤解されたイメージがあります。

その誤解を解かない限りは、人生を進める力としての「癒し」が身につくことはありません。

「癒し」には、次の7つの誤解があります。

【誤解1】「癒し」とは、安心領域にしがみつくことである。
【誤解2】「癒し」とは、他から与えられるものである。
【誤解3】「癒し」とは、最終的には何もしないことに行き着く。
【誤解4】「癒し」とは、特別な人だけが才能として持っている力である。
【誤解5】「癒し」とは、マイナスをゼロにすることである。
【誤解6】「癒し」とは、過去に向けられたものである。
【誤解7】「癒し」とは、与えられるものである。

1つずつ検証していき、「癒し」の本当の姿をお伝えしていきます。

【真実1】「癒し」とは、安心領域を確かなものにすることである

【誤解1】「癒し」とは、安心領域にしがみつくことである。
【真実1】「癒し」とは、安心領域を確かなものにすることである。

「癒し」と「安心」はとても親和性が高い言葉です。もちろん人生に安心領域は必要です。

しかし、ここで2種類の人生に分かれます。

1つは、その安心領域の中に「しがみつく」人生です。

その人は、失敗することや批判されることを恐れます。安心領域の中に「留まる」ことを選びます。当然、変化・挑戦を避け、行動・選択・人間関係の幅は狭《せば》まっていきます。結果として、極端に狭い世界で生きることになり、人間的成長や成功さえもあきらめてしまいます。そして、安心を求めているにもかかわらず、まったく「安心感」のない人生を送ることになるのです。とても悲しいことです。

もう1つは、その安心領域を「確かなものにする」人生です。

その人は、安心領域を「広げていく」ことを選びます。この行為を「冒険」と呼びます。当然、行動・選択・人間関係の幅は格段に広がっていきます。

その結果、安心領域がとても広い世界で生きることになります。そして、思いきった挑戦や冒険をしているにもかかわらず「安心感」に満ちた人生を送ることになるのです。

あなたは、どちらの人生を選びますか？

この2種類の人生を分けるものは、ただ1つです。

「自分には価値がある」と心から感じているか否かです。

ここに僕の役割があります。

あなたに「癒し」の力を身につけてもらい、「自分には価値がある」と思っていただく。

それにより、あなたの安心領域を「確かなものにしてもらい」、安心領域を「広げていく」お手伝いをする。

言うなれば、「人生の冒険をする人」のお手伝いをしているのです。

僕は、信じています。

「最も強い人とは、この世界すべてを安心領域にした人である」と。

【真実2】「癒し」とは、自分自身でつかみとるものである

【誤解2】「癒し」とは、他から与えられるものである。
【真実2】「癒し」とは、自分自身でつかみとるものである。

「癒し」を求めはじめると、何が起きるか？

なかには段々と狭いコミュニティに入っていく人も出てきます。

その狭いコミュニティゆえに、絶えず仲間の目が氣になります。いつしか彼らの承認や言動に価値を置いてしまうようになるのです。

最後には、何が幸せかも仲間に委ねてしまい、大切な自分の人生の主導権すらもそのコミュニティのリーダーに預けてしまうのです。

僕の追求する「癒し」とは、もっと「主体的」なものです。

自分自身で氣づき、自分自身でつかみとり、その後の自分の人生に活かし、そして、分かち合っていく。

指導者や仲間は、そのための環境をつくり、アイディアやインスピレーションを伝え、共に支え合いながら同じ高みを目指す同志として歩んでいく。


僕は、信じています。

「主体性とは、幸せのスイッチを自分で持ち続けることである」と。

私たちは神様の代理人として、望み通りのシナリオを描き、シナリオを生きる人生の主人公です。

それを忘れ、人生のシナリオを人まかせ、社会まかせにしてしまっている人が沢山います。

どう生きるのか、どんな未来を創造するのかを忘れてしまって、主権を放棄しているとしか思えない人がほとんどのように見えます。

与えられたたった一度の人生を、神様が描いたように自由に創造することが私たちにはできます。

「人生 神芝居」であり、「人生 夢舞台」なのです。

【真実3】「癒し」とは、人に影響を与えることに行き着く

【誤解3】「癒し」とは、最終的には何もしないことに行き着く。

【真実3】「癒し」とは、人に影響を与えることに行き着く。


こんな言葉を聞いたことはありますか？

「あなたは、そのままでいいんだよ」

「あなたは、ありのままで素晴らしい」

たしかに、素晴らしい言葉です。そして、本質的にはその通りです。

でも、ここに大きな問題があります。

多くの人は、この言葉を現状維持の肯定や何もしないことへの言い訳に使いがちです。

もちろん、修養を重ね、本心から「ありのまま」でいることの素晴らしさに氣づいた覚者というべき方もいます。

しかし、そうした方々であっても、その氣づきや幸せを個人に留めてしまっている方が見受けられます。それは、とても歯がゆいことです。

僕の追求する「癒し」は、最終的には自分以外の存在に影響を与えることに行き着きます。その人の「行動」や「発言」を通して、他の方の本質的な「癒し」と「氣づき」を促《うなが》し、この世界をよりよいものにしていくことに。

この世界は「自己成長」（自己実現）と「他者貢献」（社会貢献）の領域を広げていくことが求められています。

その領域を広げていく時に私たちは生まれてきた目的や使命を果たし、真の意味で幸せを一層、感じることができます。

僕は、信じています。

「本物のリーダーの条件は、自分が癒されていることである」と。

【真実4】「癒し」とは、誰もが学ぶことで引き出される力である

【誤解4】「癒し」とは、特別な人だけが才能として持っている力である。
【真実4】「癒し」とは、誰もが学ぶことで引き出される力である。

こんな言葉を聞いたことはありませんか？

「あの人は特別だから、できて当たり前」

「自分は凡人だから、できなくて当たり前」

人間誰しも、他人の特別な才能や力に憧れます。

ただ、問題なのは、そのために比較・競争して、自分の可能性を否定したり、劣等感を持ったり、自信をなくしたり、時には特別な才能を持つ人にすべてを委《ゆだ》ねてしまうことです。

実は、「癒し」の世界では、指導者がそれをよしとしていることがあります。

とても残念なことです。

「癒しの力」はすべての人に必要なものです。

そして、すべての人は、本質的に「癒しの力」を持っています。

ただし、より早く、より確実に、その力を使いこなすには、必ず「学ぶ」というステップが必要になります。

「癒し」を伝える指導者は、この「学ぶ」というステップを人よりも早く踏み、自分の中の「癒しの力」を開花させた方々といえます。特別な存在ということではありません。

そうであるならば、自らの特別性を誇示することは大切ではありません。
少しでも多くの方々の「癒しの力」を開花させることに喜びを感じ、尽力することが大切なのではないでしょうか。

さらに、「癒しの力」を見事に身につけた弟子の方には、今度は指導者として、その力を広めるように促し、この世界をよりよいものにしていくのが、望ましい姿ではないでしょうか。

世界で最もポピュラーな「癒し」の手法である「レイキ」の肇祖《ちょうそ》（創始者）は**臼井甕男《うすいみかお》先生**という方です。

「レイキ」は世界中に500万人以上とも言われる広がりを見せています。

その臼井先生は当時、「レイキ」の等級を入門者から順に6等から1等まで用意されていました。その中、臼井先生は「**後に自分より優れた人が現れる**」ことを願って、1等を空位にし、臼井先生ご自身は2等とされていました。

僕は、信じています。

「指導者の最大の役割は、指導者を育てることである」と。

それも自分を超えるような指導者が生まれることを願っている、と。

【真実5】「癒し」とは、無限につながることである

【誤解5】「癒し」とは、マイナスをゼロにすることである。
【真実5】「癒し」とは、無限につながることである。

「身体の傷が、癒された」

「心の傷が、癒された」

多くの方は、「癒し」とは何かマイナスなものを修復し、普通の状態に戻すことだとイメージしています。もちろん、間違ってはいません。しかし、その考え方はとても勿体《もったい》ないことです。「癒し」は決して、マイナスな状況にのみ意味があるものではありません。

いつでも、どこでも、誰でも、その人に応じて確実に人生をよりよくしてくれるものです。では、本当に「癒し」を感じるとどうなるのでしょうか？

その時、人は、「**自分を超えた何か大きなもの**」**とつながっている一体感を感じる**ことがあります。60兆個の細胞が目覚め、心の底からのワクワクを感じることができます。

バラバラになっていたものが、全体としてつながり1つに戻っていく。単なる安心感ではありません。揺るぎない一体感こそが癒しの本質です。

僕は、信じています。

「**癒しとは、無限につながることである**」と。

【真実6】「癒し」とは、未来をつくるものである

【誤解6】「癒し」とは、過去に向けられたものである。
【真実6】「癒し」とは、未来をつくるものである。

もう一度、先ほどの言葉を見てください。

「身体の傷が、癒された」
「心の傷が、癒された」

共通していることは、いずれも「過去」に起きたこと（傷）に意識が向いていることです。

世の中の多くの方が（なかには指導者の方でも）こうしたイメージを持っています。

とても残念なことです。

僕の半生は、「癒し」を求め、「癒し」を学び、「癒し」を伝えてきたものでした。

その結果として、豊かさと愛と幸せを受け取ることができました。

だからこそ、本当の「癒し」は、過去のみならず未来にも、今この瞬間をも輝かせるものだと確信しています。

僕は、信じています。

「**癒しとは、未来をつくる力である**」と。

【真実7】「癒し」とは、自ら与えていくものである

【誤解7】「癒し」とは、与えられるものである。
【真実7】「癒し」とは、自ら与えていくものである。

「○○に癒された」
「○○に癒してほしい」

現在の日本では、「癒し」は巨大産業です。多くの人が日々、何らかの形で「癒し」を求め時間とお金を使っています。

しかし、閉塞感《へいそくかん》と漠然とした不安と疲労感は今日も消えることはありません。

とてもおかしなことです。

これには、「癒し」はサービスとして受け取るものだと考えられているところにも原因があります。

僕は、本来の「癒し」は学び、身につけ、他者に与えるものだと思っています。

そして、他の人に与えた時に初めて自分自身の中に深い癒しを感じることができるのです。

だからこそ、僕の研修は、体感型のワークショップを通して、互いに学び、教え合い、支え合う「相互学習」という形式をとっています。

僕は、信じています。

「与えることは、受け取ることである」と。

9 「癒し」の力は、人生の推進力である

僕が考える7つの「癒し」の真実をまとめます。

【真実1】「癒し」とは、安心領域を確かなものにすることである。
【真実2】「癒し」とは、自分自身でつかみとるものである。
【真実3】「癒し」とは、人に影響を与えることに行き着く。
【真実4】「癒し」とは、誰もが学ぶことで引き出される力である。
【真実5】「癒し」とは、無限につながることである。
【真実6】「癒し」とは、未来をつくるものである。
【真実7】「癒し」とは、自ら与えていくものである。

「癒し」は決して特別なものではありません。誰もが、力として身につけることができます。

そして、自分の価値を信じ、広げていくことで人生を大きく進め、世界を大きく広げてくれます。「癒し」の力は、人生の推進力でもあるのです。

それを心から理解するために、僕の前半生はありました。

第2章では、そのストーリーを分かち合いながら、「癒し」の道程の3つのステップをお伝えします。

第2章

「癒し」という冒険

1 人生の振り子の幅が、助けられる人の数を決める

A　パートナーシップ

B　健康

C　豊かさ

これらは、古今東西、あらゆる人々が関心を持つ人生の3大テーマです。

僕は30代の前半に、この3大テーマすべてで「どん底」と「復活」を経験しました。

膨大なお金と時間を使い、世界中を駆けめぐり、この解決方法を探しまわりました。

この当時は、神様に文句を言いたくなる時期もありました。

なにしろ、3つの大きな苦しみが一氣に襲ってきたのですから。でも今は、心から感謝しています。

なぜならば、誰よりも「パートナーシップ」「健康」「豊かさ」の大切さを味わうことができたからです。

そして、人生の振り子の幅がとても大きかったおかげで、それだけ多くの方の苦しみに共感し、力になれたからです。

さらに、後に何が起きても、「あの時のことを思えば」苦しみも軽くなり、乗り越えることができたからです。

改めて思います。

過去に起こったことは、思い出して氣分が落ち込んだり、やる氣や自信をなくすものではありません。

過去に起こったことはすべて、一層、私たちが幸せになるための「経験」となり、未来に活かすことができます。辛く悲しい出来事は、学びと成長を同時に与えてくれているのです。

過去の経験を活かして進む私たちの未来は素晴らしいものになっていきます。

そして、今、僕の人生を振り返って、改めてお伝えできることがあります。

その「癒し」の道程は、次の3つのステップで成り立っています。

[ステップ１] 自ら学びの機会を求め、「癒し」の力を身につける。
[ステップ２] 癒された自分自身で、大きな冒険をしてみる。
[ステップ３] その結果、目の前の現実が短期間で大きく変わる。

今からお伝えする僕自身の物語の中で一緒に検証していきましょう。
最初は、「健康・エネルギー」にまつわる物語です。

2 健康・エネルギーにまつわる物語

①僕が年間200回、登壇できる理由

現在、僕の会社では、年間420回の研修・イベントを開催しています。毎日のように研修を行い続けて25年となります。

このうち年200回以上は、還暦を迎えた僕が登壇しています。

しかも、ただ話すだけではありません。**体験型ワークショップが中心です。**

朝の準備から夜の懇親会まで、一日中、「立ちっぱなし」「動きっぱなし」です。

「研修を受けたお客様に元氣になってほしい」

そう願わない講師はいないでしょう。でも、僕はさらに上を目指しています。

それは、**「僕に会うだけで元氣になってほしい」**ということ。

そのためには、まず僕自身がエネルギッシュに与え続けるようでなければなりません。それはシャンパンタワーのように、一番上の自分のグラスが満たされたら、そこから次々と下のグラスにシャンパンが流れ込んでいく。すべてのお客様に愛のエネルギーが全身に広がっていきます。

時折、「望月さんの手に触っていいですか？」と聞かれ、触られることがあります。

実際に触っていただいた方には、「60歳とは思えない」と一様に驚いていただきます。

僕の自慢の一つです。

しかし、こんなことは、25年前は想像すらできませんでした。

②「かゆい」という名の苦しみ

25年前の僕は、悲惨な状況でした。

独立して1年で立ち上げたばかりの会社を畳まざるを得ないほどのビジネスの失敗、不動産投資の失敗、自己投資などもあり、氣がついたら、**借金は6000万円にふくれ上がっていました。**

月末の支払日に怯《おび》え、一刻も早い返済のために昼夜を問わず、年間休日が10日もないくらい、働きに働きました。

- **研修会社のマネージャーとしての重圧**
- **夜討《ようう》ち朝駆《あさが》けの不規則な生活**
- **ごはんをかきこむだけの食事**

いつしか身体は悲鳴をあげていました。無視を続ける僕に、大きな警告を与えてくれました。

それが、アトピーでした。

かゆい。とにかく、かゆい。全身を襲うかゆみのため夜も眠れませんでした。

ハッカの混じったクリームを塗り、スースーした清涼感でかゆみを誤魔化《ごまか》したこともありますが、それは一時的なものに過ぎませんでした。

掻《か》きむしられた肌は、象皮のようになり、紫色の痕が全身に残りました。

一刻も早く、かゆみを止めたい。僕はあらゆることをしました。

- **妻に、毎日、栄養バランスのよいお弁当を用意してもらいました。**
- **ヨガや氣功を学び、心の平静につとめました。**
- **高級水をはじめ、あらゆる健康食品を試しました。**
- **今では笑ってしまうような健康法も積極的に行っていました。**

その結果、どうなったか？

一時的に発疹が静まることもありました。しかし、完治することはありませんでした。

根本的な何かが違っている。でも、それがわからない。こんな生活が、2年間続きました。

③1日でヒーリング能力が身について

そんな中、僕は「レイキ」という日本発祥の「癒し」の方法・健康法・能力開発法と出会うことができました。

きっかけは、お客様からの勧めでした。実際に、ヒーリングもしていただきました。

たしかに、氣持ちよかった。でも、すぐに受講する氣にはなりませんでした。

理由は、「レイキ」のキャッチコピーにありました。

「あなたも1日でヒーリング能力が身につく」

「誰もが必ず修得できて、決して落ちこぼれることはない」

能力開発に没頭していた当時の僕にとっては、にわかには信じがたい一文でした。

「能力開発は、時間をかけて身につくもの」――それが当時の僕や業界の常識でした。

それに「レイキ」は「氣功」の一分野だと思われていました。

ちなみに「氣功」の「功」とは、「積み重ねること」という意味があります。

つまり「氣功」とは「積み重ねた　氣（エネルギー）」と言えるのです。

それなのに「氣功」の一種である「レイキ」は積み重ねることなく、たった1日でヒーリング能力が授かるというのですから、当時の僕が疑うのも無理はないことでした。

とはいえ、かゆみは止まることを知りません。

僕は、半信半疑のまま、とにかく受講しました。

その結果、どうなったか？

キャッチコピーは、本当でした。

受講中に、明らかに自分の手に「癒し」のスイッチが入ったことを実感できたのです。

もちろん、単なる氣分の変化ではありません。

僕は、その手を自分の身体中に当てました。深い「癒し」が僕の身体と、そして心を包みました。

本当に久しぶりに「仕事」や「ストレス」や「長年抱え続けてきた重荷」から心が解放された瞬間でした。僕は、何度も何度も深呼吸をしました。

深いやすらぎの中、ふと、こんなイメージが湧きました。

④育児休暇をとるという大冒険

それは、最愛の妻と生まれたばかりの長男の姿でした。

妻には大きな負担をかけてきました。

会社員時代は夜討ち朝駆けの仕事。それにもかかわらず、深夜、早朝、車で駅まで送り迎えをしてくれました。

それでも妻はいつも笑顔でした。

しかし、僕が借金を抱え、ストレスだらけの中、妻がストレスを感じないわけがありません。

結婚4年目にして待望の子どもを授かりましたが、ストレスにより、未熟児で誕生。病院の保育器の中で一人、2ヵ月を過ごしました。毎日1時間だけしか面会できない日々。

大切な二人にこの手を当ててあげたい。一刻も早く。少しでも長く。

ふと、こんな想いがよぎりました。

「そうだ、赤ちゃんが退院したら、育児休暇をもらおう」

ありえないアイディアでした。

なにしろ、1990年代初頭のお話です。女性ですら、育児休暇取得は困難でした。ましてや、30代の男性がそれも会社の要であるマネージャーが育児休暇をとるなど、前代未聞《ぜんだいみもん》でした。

まさに、無茶を承知の「大冒険」。勇氣だけでは、到底できないことです（この大冒険の顛末《てんまつ》は、後にお伝えします）。

しかし、この決断は、僕の人生に大きな報酬をもたらしてくれました。

その一部は、3日後に衝撃的な体験として、僕の目の前に現れました。

⑤アトピーが消えた

その日、自分の身体を見た僕は思わず声をあげました。

アトピーが全身から消えていたのです！

普通であれば、徐々に湿疹が小さくなり、引いていくものでしょう。

しかし、そのときは、本当に、跡形もなく消え去っていたのです。

生涯忘れ得ぬ瞬間でした。

⑥すべては「必要だから」起きていた

実は、レイキが癒してくれたのは、僕の身体だけではありませんでした。

僕の心の奥に根づいていた「無価値感」を癒してくれたのです。

その頃の僕は研修会社のマネージャーをしていました。

その会社では、バシャール（ダリル・アンカさん）やスティーブン・ハルパーン博士（音楽療法のパイオニア）、レバナ・シェル・ブドラさん（透視能力者）など、外国から有名な講師を招聘《しょうへい》して、研修・講演を行っていました。25年も前のことですが、当時、最先端の研修をしていた会社です。

仕事はとてもやりがいがありました。

自分が会社の飛躍の要《かなめ》であるという自負もありました。世界最先端、最高峰の講師を招いて日本に変革を起こすお手伝いをしているのですから。

しかし、登壇する輝かしい講師を見ながら僕は、いつも、いつも思っていました。

「なんで、自分が講師として、あそこに立っていないんだろう」

僕は、それまでも講師のキャリアがありました。学びを分かち合うことが天職だと信じていました。

しかし、会社での存在意義や自分の実力、独立に一度失敗し、借金の返済のために奔走《ほんそう》している自分自身を考えると、それは叶わぬ夢に思えてなりませんでした。

僕は、自分を抑えつけて暮らしていました。

「本当にやりたいこと」ではなく、「期待されていること」「やらなければならないこと」だけを見て暮らしていました。

僕は、何度も自分の心の声を無視しました。

心の声を無視できなくなると、今度はなだめにかかりました。説得にかかりました。

なだめるためには、理由が必要でした。

本当は、勇氣と自信がないだけなのです。しかし、それを認めるのは辛すぎた。

目の前にそのチャンスがあり、手を伸ばしさえすれば手に届くのですから。

そこで、僕の無意識は、大義名分をつくることとしたのです。

「それじゃあ、仕方ないよね」と言ってもらえるような大義名分を。

それが、全身のアトピーだったのです。

全身がアトピーであれば、誰の目からも見ても氣の毒がられ、人前に出ない大きな理由になる。何をやっても治らないはずです。治ってはいけなかったのです。

そんな僕にレイキは、大きな「癒し」を与えてくれました。

「癒し」の回路が開かれた手で自分の身体をいたわるだけで、「心」と「身体」が、「夢」と「現実」が再び1つになる。そんな感覚を覚えました。

そして、「本当にやりたい」ことに向かうエネルギーを思い出せてくれました。

その流れの1つが、「本当に大切な妻と子どものために育児休暇をとろう」という決断につながりました。

「自分は価値のある人間だ」

「自分には未来をつくる力がある」

そう確信できた僕に、もはやアトピーは不要のものとなっていたのです。

もちろん、それまでの治療の努力や周囲の理解があったことは、十分承知しています。

しかし、それらが実を結ぶためには、どうしても「癒し」の力が必要だったのだと今では確信しています。

⑦僕が生涯をかけてでも実現させたい夢

この体験から1年もしないうちに、僕はレイキをお伝えする道に進むことになりました。

レイキは、「健康」のみならず、「幸せ」も「豊かさ」も僕にもたらしてくれました。

そして、後進に指導者の道を譲った今も、変わらずレイキは僕の会社VORTEX（ヴォルテックス）の、そして僕自身の人生の大きな軸となっています。

僕は、今、こんなことを考えています。

「日本に100万人のヒーラーがいる社会をつくりたい」と。

そこでは、こんなことが実現しています。

□ より有効に医療費が使われ、社会的負担が激減している。
□ 社会に調和が生まれ、資源の使い方が地球・自分・共同体に優しいものに変わっている。
□ 「癒し」が家族の絆を深め、親子または子ども同士の争いがなくなっている。
□ 自殺率が世界一高い日本の青少年がイキイキ、ワクワク生きる社会を実現する。

そのために、僕自身もこれから10年、20年、30年と生涯現役で、日本中に、世界中にこのメッセージを届けていきます。

⑧『アラブの大富豪　富の法則』とは?

いかがでしたか?　最後にこんなメッセージをお伝えします。

「ついつい自分の健康やエネルギーの問題を後まわしにしてしまう」

現在社会に生きる誰もがやってしまうことです。

僕自身は、自分のためにも、次の2つの言葉を忘れないようにしています。

(1)あなたが得られるものは、あなたのエネルギーの高さで決まる。

(2)たとえ何かを得ても、受け取るあなたが健康でエネルギッシュでなければ、すべてを失うことになる。

『アラブの大富豪　富の法則』って聞いたことがありますか?

次のような公式になっています。[富とは]

[人脈・人間関係・家族関係・交友関係]

+[仕事・ライフワーク]

+[財産・収入・貯金]

+[所有物(家・土地・車・装飾物・衣服……)]

+[知識・知恵・情報・チャンス……]

+[人間的魅力・人格・人望・人氣]

+[ゆとり(時間・精神的・経済的……)]

このようにいろいろな要素が「足し算」になっています。たしかにうなずける内容ではないでしょうか？

ところが最後に一つだけ……「掛け算」になっている要素があります。

つまり、その「掛け算」の要素がもし0.1なら、すべての富が10分の1しか活用できないし、感じられない。目減りしてしまいます。

でも逆に、その「掛け算」の要素が2倍・5倍・10倍なら、すべての富が2倍・5倍・10倍に活用できたり、感じられるというのです。

もしそうだとしたら、その要素を磨いていこうと思いませんか？

ではその「掛け算」の要素とは何だと思いますか？

それは……「健康」です。

最高の「人脈・人間関係・家族関係・交友関係」があって、

＋誇らしく、やりがいのある［仕事・ライフワーク］に恵まれて、
＋他人が羨《うらや》むくらいの［財産・収入・貯金］もあり、
＋憧れる人が続出の豊かな［所有物］に囲まれ、
＋尊敬されるくらい素晴らしい［知識・知恵・情報・チャンス］を手にし、
＋人を惹きつけてやまない［人間的魅力・人格・人望・人氣］を持ち、
＋それらを味わう時間的・精神的・経済的［ゆとり］があったとしても、
×［健康］がもし、0.1とか、0.3……0.5だったら……。

健康以外の要素が高ければ高いほど、逆にその富を活用することが十分にできず、残念に思うに違いありません。

そして、健康で、エネルギーが高く、１００%楽しみながら、富や豊かさ、人脈やチャンスを、２倍、３倍……10倍に増幅して活用できたら、どんなに幸せなことでしょう。

どんなに可能性が広がることでしょう。どんなに多くの人に幸せや豊かさを分かち合うことができるでしょうか！

そして24時間、年中無休で何一つ文句も言わず、働いてくれている60兆個の細胞、一つひと

つに、その身体に心から感謝しないではいられないですね。

「癒し」の力を得ることは、そんなあなたの最高の一歩となります。

次の第3章では、僕が実際に行っていた**「まほう」のヒーリングワーク**を公開します。

ぜひ、楽しみにしてくださいね。

さて、続いては、「豊かさとお金」にまつわる物語を分かち合いたいと思います。

3 豊かさとお金にまつわる物語

①僕の仕事は、たった1つ

「大好きなことを大好きな仲間と大好きなだけ行う」

これが僕のライフワークの定義であり、豊かさの定義です。

「講師」「作家」「経営者」「プロモーター」「応援団長」「親」「夫」……僕の役割は、時と場合に応じて変わります。

でも、僕の本質的な仕事は1つです。

それは、**「ライフワークの実践者・伝道者」**です。僕は、それを25年続けてきました。僕の中での揺るぎない誇りです。しかし、その始まりはどん底でした。

②育児休暇の末に待っていたもの

話は、先ほどの育児休暇の顚末から始まります。

僕は、自分の心からの願いを勇氣を振りしぼって、ユダヤ人の社長に伝えました。

もちろん、マネージャー職については後任を推薦し、フォローにも徹しました。

それまで会社の発展に尽くしてきたという自負もありました。

その結果、**なんと2ヵ月間の育児休暇が認められたのです！**

それはかけがえのない2ヵ月間でした。生まれたばかりの子どもにはスキンシップが一番必要な時期であり、一番成長する時に、集中治療室で2ヵ月を過ごさせてしまったのは僕の至らなさのせいでした。一刻も早く、できる限りのスキンシップで愛情を我が子に注ぎたいと思うのは自然なことでしょう。

でも、その想いを叶えることと現実を生きることとは、困難を伴うことがあります。

2ヵ月後、復職しようとした僕には、元のマネージャーの席はありませんでした。

実質的な解雇通知でした。

・借金は、6000万円。
・しかも会社はクビになる。心の準備も、物理的な準備も何もしていない中で……。
・子どもは生まれたばかり。
・家計を支えてくれていた妻も育児でとても働くことはできない。

絶望！　いえいえ、もはや絶望に浸《ひた》っている時間もありません。僕は必死でもがくしかありませんでした。できることなら何でも、本氣で取り組むしかありませんでした。

そんな中、一つの大きなきっかけがありました。

③世界的カウンセラーに「ノー!」と言った夜

僕は最初の独立に失敗していました。

その頃から、僕たち夫婦を支えてくれていたクリストファー・ムーンさんというメンターがいました。彼は、カナダ人でトップクラスのカウンセラー。

あの本田健さんのベストセラー『ユダヤ人大富豪の教えⅢ』(大和書房)に登場したハリー先生のモデルになった方です。

彼に日本で何回かセミナーをしていただいていました。

ちょうど、リストラを宣告された直後に、クリストファーさんが来日していました。

セミナーは素晴らしいものでした。

しかし、僕の内心はとても苦しかった。

なぜなら、セミナーの終了後に彼に伝えなければいけないことがあったからです。

「もうあなたを日本にお招きすることができなくなってしまった」

ということでした。

でも、年齢は少し上のお兄さんのような存在であると共に、「先生を尊敬するファン」としては、絶対に避けたい場面です。胸が張り裂けそうな氣持ちです。しかし「リストラ」されたばかりとは言え、逃げてはいけない場面でした。

セミナー終了後、僕は悲痛な面持ちで言葉を絞り出しました。

「もう、あなたを日本に招くことができなくなってしまった。

実は僕はリストラされることになった。そしてこの会社での僕の発言力はまったくなくなってしまった。

本当はあなたを日本に招きたい。

そして学び、実践し、僕はもっともっと成長していきたい。

でも、僕には……」

彼は、黙って、僕の心に寄り添いながら、話を聞いてくれました。

彼は、静かに、しかし僕をまっすぐ見据えて、こう伝えてくれました。

「トシ、君が大変なことはよくわかったよ。

僕のためにそこまで考え、悩んでくれてありがとう。僕のことは氣にしないで大丈夫だよ」

「トシが今、会社をリストラされ、いろいろ手放さなければならないことがあり、夢もあきらめなければならない状況にいることも、僕にはよく伝わってきたよ。

僕にも同じようなことが何度も何度もあったから、トシの氣持ちはよくわかるつもりだよ」

彼は、そこで言葉を切りました。

「でも、トシ、僕には見えるんだよ。君が今のこの大変な状況を見事に乗り越えていく姿が。普通の人なら、あきらめてしまうような状況をトシは必ず乗り越えていく。

これを乗り越えることで、今まで以上に力強くなり、人の痛みを一層、理解でき、ますます輝きを増していく姿が。そこには逆境を乗り越えた人だからこそ持つ大きな愛が、自信が、勇氣が、エネルギーに満ちあふれた真のリーダーの姿が……」

「トシ、トシの後ろについてくるのは、千恵子（妻）やシュン（息子）だけではないよ。わかっているだろうか？　トシの後ろから何千、何万、何十万人、それ以上の無数の人がついていく姿が、僕にははっきり見えるんだよ」

僕の心は揺れました。僕はとても信じることができませんでした。

でも尊敬するメンターのことは信じることができました。

メンターが慈愛を込めて語るその言葉が、絶望の底に沈んでいる僕に、どれだけ勇氣を与えてくれたか、わかりません。彼は、「僕の素晴らしい可能性と未来を僕以上にいつも信頼」してくれました。

④まずは一歩踏み出そう。次の一歩はもっと簡単

メンターと過ごす時間は多くは残されていません。必死の僕は、すかさず聞きました。

「本当にありがとう。あなたの言葉に救われる想いがしたよ。でも、この状況から一体、僕は何をすればいいのか、どこから手をつけたらいいのか、まったくわからない！」

僕のつぶやきに、彼は、一言一言、氣持ちを込めて答えてくれました。

「トシ、君がやることは、日本の未来のリーダーたちに、君が学んできたことを伝えていくことだ。**目的が明確なら、方法も、スキルも、能力も後からついてくる。何でもいいから、とにかく動きはじめることだよ**」

「それに、君は、本当にいろいろなことを経験してきたじゃないか。

セミナー講師もカウンセラーも、プロモーターも、ライターも、僕が見るところでは、ここまで熱心に集中して学び、実践してきた人はいないと断言できるよ。

リストラされたとは言え、できたばかりの会社が、ここまで発展してきたのは、君の力じゃ

ないか！　君の力なしでは考えられないじゃないか！」

彼は、そうしてこう締めました。

「今までのその貴重な経験を伝えていくことから始めたらいいんだよ。それがトシが望むことだし、人がトシに望むことだと思わないかい？」

「最初の一歩は重い。でも一歩踏み出しさえすれば、次の一歩は簡単になり、さらに次の一歩はもっと簡単になり、前に進み続けることができるんだよ！　世界が君を待っているよ！」

⑤「癒し」には、本氣が伴う

クリストファーさんは続けて、こんなことを語りかけてくれました。

「トシ、想像してみてほしい。君の子どもが大きくなり、学校に行くようになって、君にこう尋ねたとしよう。

『お父さんは、どんな夢を持っていたの？』

『その夢はどうなったの？』

その時、君はなんて答える？」

浮かぶのは、最悪な答えばかりでした。

「お前が生まれたから……夢をあきらめたんだよ」

そんな言葉を口には決してしない。決してしないにしても、そう思ってしまったとしたら……。

そんな恥ずかしい自分と、僕の本音を息子が知ったとしたら、

「僕が生まれたことで大好きなお父さんは夢をあきらめたんだ」

と絶望する息子の顔が、ありありと浮かびました。

その瞬間、僕の心に激痛が走りました。激痛の中、僕は目覚めました。

「もう変わろう！」

「必ずやるぞ！」

「言い訳なんてしない！」

「誘惑にも負けない！」

「何でもするぞ！」

「自分にできる最高のことをするぞ！」

一言でいえば、僕は「本氣」になったのです。そこから生まれるエネルギーは想像を超えていました。

⑥断られるたびに、前に進んでいる

「本氣」。

これもまた「癒し」とはかけ離れた言葉に聞こえるかもしれません。

しかし、「本氣」こそが「癒し」の力を含め、人の持つ本来の大きなエネルギーを引き出し、拡大する力となるのです。

それまでの僕は、営業が本当に苦手でした。自分が営業できないのは、仕方がない。自分なんか、断られて当然だ。断られると、「やっぱり、思った通りだ」とどこか安心している自分がいました。なぜ、こんな体《てい》たらくだったのか？

深く掘り下げると、それは自分の無価値感につながります。

あるいは、幼い頃に誤解から自分の中に育まれた「**豊かになることへの罪悪感**」と「**仕事は辛いものだという思い込み**」でした。

とはいえ、もはや、自分を慰めている時間も、自分を見つめている時間もありません。

「何でもいいから、とにかく動きはじめることだよ」

クリストファーさんの言葉の通り、それまでの知識を総動員して、僕は、動きまわりました。

もちろん最初は失敗ばかり。しかし、動くにつれて、徐々に徐々に自分の考え方が変わっていくことに氣がつきました。


今までの自分は「失敗思考」でした。

しかし、徐々に「チャレンジ思考」に切り替わっていきました。


「断られるたびに、前に進んでいる」

「失敗するたびに、夢に近づいている」


思考は、やがて現実をつくり出します。

まず失敗の「仕方」が変わりました。

僕は、今まで、

「何がいけないのだろう?」

「何が間違っているのだろう?」

と自問自答し続けて、どんどん落ち込んでいき、エネルギーと共にやる氣も行動力も落ちていきました。

今回はこんな質問を自分だけでなく、相手の方に聞いて教えてもらうようになりました。

「どういう条件が整ったら可能性が開けますか？」

「どうなったら、提案を受け入れられますか？」

それまでの自分では考えられない質問でした。

僕は、営業に恐怖を感じ続けていました。

しかしこの質問ができるようになってから、**交渉相手は「改善のアドバイザー」「共創（共同創造）の仲間」に変わりました。**僕の世界の安全領域は飛躍的に広がりました。

自分の無価値感が癒され、恐怖が消えました。

そして、僕はまた大きな冒険を思いついたのです。

⑦「リスクを背負う提案」だけが相手を動かす

「リストラされた会社に、自分の講座開催を営業しに行く」

誰が見ても、ありえないアイディアでしょう。

冒険というにも、無謀でしょう。しかし、僕は営業先の方を「何かを一緒につくり出す仲間」と考えられるようになりました。

だから、アポイントがとれた担当者に僕はこう提案しました。

「もし、僕の講座を開催していただいたら、集客も運営も僕がやります。

成功したら、担当者であるあなたの手柄になります。

失敗したら、この望月の責任にしてください。

うまくいかなかったら実際に僕の実力ですから……」

交渉はあっさり決まり、この講座はそれから2年間続いた大人氣講座となりました。

⑧「癒し」には、推進力がある

「失敗は成功のもと」という言葉があります。とても素晴らしい言葉です。

でもこうも言えます。

「成功は、次の成功を呼ぶ」と。

この冒険の達成は、僕に大きな自信を与えてくれました。

そして、人生を大きく進めてくれました。

それから1年で、信じられないことに、「3つの教育団体と1つのカルチャーセンター」が、僕の定期講座を開催してくれることになりました。

さらに、レイキの分野においては、普及のための小冊子の作成や会報誌への連載が認められ、念願の単行本の出版も果たすことができました。

氣がつけば、**10年以上かかるだろうと思っていた6000万円の借金は1年で返済。**2年目には、レイキの本『癒しの手』（たま出版）が出版され、後に**10万部を超えるロングセラー**となり、全国主要5ヵ所で定期的にセミナーを開催、憧れの船井幸雄先生（当時・日本一の経営コンサルタント）や七田眞先生（右脳教育の権威）とジョイントで講演する仕事ができるほどになりました。

プライベートでは、3階建てのセミナールーム付きの新居を手に入れることができました。

すべて願っていたことですが、そのうちの1つでも10年、20年の間に実現したら嬉しいな、と思っていたことが次々と実現していったのです。

⑨豊かさは、分かち合うもの

「豊かさは、分かち合うもの」

僕が、心から信じていることです。

起業して最初に書いた本のタイトルも、『楽しく与え、豊かに受け取る』（ヴォルテックス）というものでした。

これを理想論だという人もいるでしょう。

多くの方は、豊かさやお金は周りとの「競争」に勝つことによって生み出すものだと思っている節があります。

この根底には相手を「敵」と見て、勝つか負けるかしかない「恐怖」の感情があります。

では、その「恐怖」が癒されたらどうなるでしょうか？

相手は「敵」ではなく、一緒に何かを生み出す「共創」の仲間になります。

ちょうど、僕は3つの会社でサラリーマンとして働いていましたが、会社は、

「生活するために仕方なく行くところ」

「ノルマに追われ、我慢しながら、歯をくいしばって競争に勝つところ」

「同僚も結局は競争相手」

「時間とエネルギーとストレスとプレッシャーをお金に替えるところ」

という感じがメインのイメージでした。

リストラされてやむなく独立し、それがうまくいき、お客様に声をかけて、一緒に働いてもらうようになってから、僕が体験したのとは対極の会社にしたいな、と考えてきました。

もちろん、道程は遠かったですが、僕がサラリーマン時代に感じていたような「会社」や「仕事観」ではなく、今のスタッフには取り組んでいただいているように感じます。

ところで、「会社」のことを英語で「Company」と言いますが、**これは「仲間」という意味です。**そこには経営者と社員の区別はあっても、分離や敵対などのイメージはありません。

みんなで同じ志《こころざし》や目的のために仲間と力を合わせることが「Company」の意味のように感じます。

また、「株式」のことを英語で「share」と言います。

「シェアリング」（分かち合う）という意味を持ちます。

「経済」とは、もともと中国の古典から出た言葉で、

「経世済民」＝「世を経《おさ》め、民を済《すく》う」

という意味ですね。

「共創」こそが社会や経済の本質を表しているのです。

僕自身もお伝えする講座には、可能な限り「養成講座」を設けて、自分の知恵を分かち合うだけでなく、受講生の皆さんにも分かち合ってもらうように考えています。

「分身」とも呼べるほどの仲間をつくり続けています。

さらに、これからの未来を担う子どもに、「夢を叶え、分かち合う」ことを知ってもらうため、**「2025年までに全国2000校の学校で、宝地図授業の導入」**を目指し、普及活動を行っています。

公立、私立を問わず、学校施設にお勤めの正教員の先生には、無料で宝地図の講座をお伝え

する機会もつくっています。

その先生方にも学んで1年以内に「宝地図」の授業を学校で行う（分かち合う）意志のある先生方にお集まりいただいています。

⑩「癒し」の力も、「筋トレ」が必要

いかがでしたか？　最後にこんなメッセージをお伝えします。

人は、本当に癒されるとどうなるでしょうか？

その人は、今までできなかったことにも、チャレンジすることができます。

その中には、癒した傷の原因になった物事すら含まれています。

すると、何が起きるか。

その人の成功への達成力が鍛えられるのです。

いわば、**「癒しの筋トレ」**です。

それは折れた骨がより強く復活し、切れた筋肉がより強く再生する様に似ています。

そして結果として、夢を叶え、豊かになることができます。

そこまで到達できるのが、本当の「癒し」です。

そこまで導くのが本物の「ヒーラー」です。

僕はそう考えながら、日々行動しています。

次の第3章では、「豊かさ」を実現する最高の方法である「宝地図」について、最新の方法と考え方を公開しましょう。

4 パートナーシップにまつわる物語

①同じ夢の方向を見るのが理想のパートナーシップ

ここまで僕自身の人生の大きな転機を分かち合ってきました。

僕一人の力だけでできたことなど、1つもありませんでした。

多くの方の力を借りました。多くの方に迷惑もかけました。

その中でも、**いつもいつも、そばにいてくれたのが、妻の千恵子です。**

僕は、特別な才能のある人間ではありません。

勇氣や自信も、最初から持っていたわけではありません。

ただ、自分を突き動かす夢だけは持っていました。

それは、「**凡人である自分でも実践し、効果を上げた手法を講師・セラピストとして伝え、人を導く存在でいる**」ことでした。

それだけは、どん底の中でも手放しませんでした。

手放したら、僕は、生ける屍《しかばね》になってしまう。そこまで考えていました。

妻は、そこを理解してくれていました。

僕は、本当に救われました。

ここまで沢山の負担をかけてきたと思います。

前述した研修会社のマネージャー時代は、多忙の余り妻には無給で1年ほど会社の手伝いをしてもらったこともあります。交通費も支払えませんでした。

これも僕の当時のセルフ・イメージの低さが引き起こしたことでした。

今でも申し訳なく思っていることです。

だからこそ、僕は、こんな誓いを立てました。

「お互い年を重ねれば重ねるほど、幸せになる夫婦でいること」

「お互いが見つめ合うのではなく、同じ夢の方向を向く夫婦でいること」

相変わらず至らない点もありますが、それでも理想のパートナーシップが築けているのではないかな、と思います。

しかし30年前の僕には、こんなことはまったく予想できませんでした。

②31年間、女性に縁がなかった

僕は、生まれてから31年間は、パートナーシップにはまったく縁のない人間でした。

- **極端な赤面恐怖症でした。**
- **女性と目を合わせるのが怖かった。**
- **女性が近づくと、異常に緊張する。**
- **素敵な女性と話す時は、どもってしまい、頭が真っ白になってしまう。**

小学生の頃のフォークダンスから大学生のサークル活動まで、僕はいつもこんな調子でした。女性に告白したのは、大学時代1回だけ。それも、あっさり断られてしまいました。

こんな体たらくは、就職しても続きました。「自意識過剰」といえば、それまででしょう。氣にしないで生きようと思いましたが、そうはいきませんでした。なぜならば、自分の中にある大きな原因に氣がついていたからです。

③原因だけがわかっても意味がない理由

こんな話を聞いたことがありますか？

「パートナーシップがうまくいかない根本の原因は、親子関係にある」

最近では世間で知られてきた話です。あなたは、これを聞いてどう思いますか？

おそらくこう思われるかもしれません。

「それはわかったけど、どうすればいいの？」

僕もまさにそんな心境でした。

実は、僕は16歳の頃からある先生について、カウンセリングを受けていました。赤面恐怖症や極度の緊張、自信がまったく持てないことを相談したら、心配した父親が紹介してくれたのです。

10歳ほど年上のお兄さんのような先生は、親しい中にも、丁寧な心理療法を僕に施してくれました。僕は深い興味を持ち、人間心理を学びました。

だから、根本的な原因が「母親との関係」であることは、もう15歳の頃から、頭ではわかっていました。でも、原因はわかっても、どうすれば変われるのか、わからない。その先の解決法を誰も教えてくれませんでした。

そして、解決策を自分の外に求めました。

自然にコミュニケーションができるようになるために、1年で3つの話し方教室に通ったこともありました。恋愛テクニックだけは本などで学び、詳しくなりました。しかし、何一つ望む成果は得られませんでした。

僕はいつしか30歳を超えていました。

④人生の脚本は、自分で書いている

「この世は舞台、人はみな役者だ」（ウィリアム・シェイクスピア）

この偉大な作家の言葉は、実は比喩《ひゆ》ではありません。

私たちは、みんな役者です。それも名優です。あらかじめ用意された脚本の通りに、ふさわしいと思う振る舞いを演じ続け、人生を終えます。

ただし、実際の舞台と違う点が２つあります。

１つは、その脚本を書いたのは自分自身であることです。

もう１つは、ほとんどの人が書いた瞬間のことを忘れていることです。

だから、もし、人生を根本から変えたいのなら、次の３つをするだけでいい。

［ステップ1］自分が人生の脚本を書いた瞬間に戻る
［ステップ2］なぜ、そのように書いたかを検証する
［ステップ3］望む未来に向けて、改めて書き直す

そうすれば、名優である私たちは、その脚本にふさわしいように振る舞います。

その結果、心から望む人生を送れるのです。

一見すると、途方もないことに思えるでしょう。しかし、今の僕は、確信をもって、これらを方法論として確立し、多くの方の人生を変えています。

きっかけは、31歳の時に受けたハワイでのカウンセリングセミナーでした。

⑤最前列に座る人から、ドラマが始まる

その時の講師の名前は、チャック・スペザーノ博士。『傷つくならば、それは「愛」ではない』（ヴォイス）などの名著で知られるベテランカウンセラーです。

10日間のセミナーでした。移動日も含め、僕は14日間の休みをとりました。

「2週間もお休みとはよい身分だね」「お！　新婚旅行かい？」

と周りからはからかわれたし、社長に言い出す時はクビになるのも覚悟していました。

それだけにセミナー中は必死でした。覚悟がありました。

「なんとしても、自分の人生にパートナーシップがほしい」

「なんとしても、今の自分を変えたい」

しかし、7日目まで何も起きませんでした。僕は焦《あせ》っていました。

「何も変わらずに日本に帰ることはできない！」

8日目の朝、僕は教室の最前列に陣取り、実習の開始と共に、一番に手をあげ、訴えました。

必死の熱意が通じ、メンターは僕を実習のモデルに選んでくれました。

指名された人は、みんなの前でメンターの誘導の下《もと》、事細かに悩みを話して、グループの中でカウンセリングをしてもらうのが、その講座のパターンです。

ここで僕は「再誕生」とも言うべき経験をしたのです。

⑥自分の問題の核に戻っていく瞬間に起こること

パートナーシップが得られない苦悩を語る僕に、たった一言、メンターはこう告げました。

「表面的な問題の底には、核となる問題がある。でも、トシはそれを本当はもうわかっているよね」

僕は、答えるしかありませんでした。

「……わかっています。母親との問題です」

それは記憶の引き金でした。

さまざまな思い出がよみがえり、口をついて出てきました。

なかには、人前ではずっと言えなかったこともありました。

それは、「15歳までおねしょが治らなかった」ことです。

優しい母でした。文句一つ言わず毎日、洗濯をし、布団も干してくれました。すごい迷惑をかけましたが、じっと耐えてくれました。中学生までおねしょが治らないともなるととても悩み、いろいろなことを考えて、僕のためにやってくれました。

その1つがお灸《きゅう》による治療でした。

優しい母ですから、僕のおねしょが治るためのツボがあるので、そこに刺激を与えるために、

「ちょっと熱いけれど我慢してね」と話してくれました。

僕もちょっと熱いくらいならば、このおねしょが治るなら、がんばろうと思いました。

「お母さんにも、これで迷惑をかけないですむのなら……」

しかし、それは子どもの予想を超えた熱さでした。

その時、僕は、

「お母さん、ごめんなさい。もう二度とおねしょをしないから、許して～！」

と叫ぶと共に大好きな母の「がんばって！」という言葉に寄せられた期待に、今回も応《こた》えられなかった自分、情けない自分と、「お母さんから見捨てられても仕方ないな」という思いが、その時浮かび上がってきたのでした。

「お母さんに愛される価値が自分にはない！」と。

セミナーの中で、僕は涙が止まりませんでした。小さい男の子が泣きじゃくるように、嗚咽《おえつ》し、その時の激しい呼吸がしばらく続きました。

たまらず僕は、椅子から転げ落ちるように床に横たわってしまいました。

寝転んだ僕の身体は、いつしか丸まっていきました。

僕は、その姿に、よく憶えがありました。

それは、夜中おねしょをし、朝方冷えた布団の中で、毎回、背を丸め、膝を抱えるようにして起きた時の自分のことでした。

呼吸は、かつてないほど激しく強くなっていました。

丸まった僕の身体には、エネルギーがみなぎっていました。

やがて、僕の呼吸はゆったりしたものに変わりました。

僕は、ゆったりした安堵《あんど》感に包まれ、さらに丸くなりました。

僕は、この感覚にも、憶えがありました。

それは、遠い昔、母のお腹の中で胎児だった頃の感覚でした。

⑦勘違いで書かれた人生の脚本

不思議な体験でした。

もちろん、実際に胎児に戻ったわけではありません。

かといって、メンターの言葉による誘導などで都合よくつくられた想像したものでもありません（メンターは僕の変化に一切《いっさい》干渉しませんでした）。

僕は、はっきりとまるで五感で感じ、今ここで、体験しているかのように感じました。

母親のお腹の中にいる自分を感じることができたのです。

胎児である僕が一番感じていたもの。

それはなんと母の「不安」でした。

「お母さんは、何に不安を持っていたのだろうか？」

大人になった僕であれば、その不安を深く考えることができました。

僕の実家は山梨県にある工場で、父親は3代目の経営者でした。そして、僕の上には、姉が

2人いました。

今から60年ほど前、昭和30年代の田舎の風潮として、母はなんとしても跡取りの「男の子」を産まないといけないと思っていました。周りの期待もありました。

相当プレッシャーになっていたようです。

「3人目も女の子だったらどうしよう？　年齢的にも最後の赤ちゃんになるかもしれない。男の子が生まれなかったら、嫁として本当に申し訳ない」

その母の氣持ちは、僕が実際に生まれるまで続き、胎児の僕はそれをずっと感じていたのでしょう。胎児である僕は、もちろん母の事情はわかりません。だから、こう思ってしまったのです。

（僕は、本当に生まれていいのかな？　僕は、本当に望まれているのかな？　もしかしたら、生まれてはいけないんじゃないかな？　大好きなお母さんが不安に思っているのは、僕のせいだよね）

もちろん、母も家族も僕を望んでいました。勘違いもいいところです。

しかし、最大の問題はここからです。

なんと、胎児の僕はその勘違いを正すことなく、その後の人生の脚本を書いてしまったので

す。

僕の役柄は、「生まれてきてはいけなかった子」です。

それを忠実に演じるためには、人からの愛を受け取ってはいけません。

31年間、僕は忠実に、それを演じてしまったのです。

□ 15歳まで治らなかったおねしょも、母親から愛想を尽かされたに違いない、と思うのに必要でした。

□ 汚くて、不潔で、醜い子どもが大好きなお母さんに近づいてはいけない。スキンシップなどもっての外《ほか》だと思うことが必要でした。

□ 毎朝、布団が濡れて寒い中、丸まって過ごしたことから、小さい身体をさらに猫背にして丸めている自信のない男の子のことを人は遠ざけます。

□ 赤面恐怖症や極度の緊張も、人から愛される機会を遠ざけるのに必要なものでした。

そこには、「素敵なパートナー」などが登場する余地は微塵《みじん》もなかったのです。

僕は、それまでの31年間の人生の意味がわかりました。

そして、僕は問いかけました。

「では、真実はどうだっただろう？」

⑧「癒し」の本質は、「remember」

真実はシンプルでした。そして、いつも優しいものでした。

母親は、時代の風潮で、なんとしても男の子を産まなければならず、そのため妊娠中は大きな不安を抱えていました。そして、生まれてきたのは、念願の男の子でした。


イメージの中で母が現れました。

母は、僕を抱きしめて、

「生まれてきてくれてありがとう！　よくがんばったね！　なんて可愛い子なんだろう！」

喜んで泣いていました。周りには、僕を待ち望んでいた父と、可愛い弟ができて喜んでいる姉2人もいました。

僕は、そこで初めて氣がつきました。

「なんだ、僕はめちゃくちゃ愛されていたんだ。待ち望まれて生まれてきたんだ」

そして母の僕に対する態度や言動は、一貫して僕を愛し続けてくれていたではないか！　それを僕の方で一方的に拒否して、距離を置いてきただけではないか！

remember──「思い出す」

「癒し」の本質は、この一言に集約されます。

この1時間ほどの内なる旅で、僕は多くのことを思い出しました。

- **本当は、自分は愛され続けていたこと**
- **それなのに、自分から愛を拒んでいたこと**
- **自分には愛される価値があるということ**
- **自分には愛を与える資格があるということ**

31年間、僕は自分にブレーキをかけ続けてきました。

でもそのブレーキは、もう必要がなくなりました。

「僕は、どこまで行けるのだろうか」

「この先、どんな出会いがあるだろうか」

まだ見ぬ未来の光景が走馬灯のように駆けめぐります。

「これからが本当の人生だ！」

僕は強く確信し、旅を終えました。

⑨愛に必要なのは、伝える勇氣だけ

「ただの神秘体験じゃないの？」こう思われた方もいるかもしれません。

たしかに、すべては僕の内側で起こったことです。

そして、すべては僕の解釈で完結されています。

単なる「異国の地での不思議体験」とも言えるでしょう。

しかし、ご安心ください。ここまでは序章に過ぎません。

本当にお伝えしたいことは、この後です。

「本当に人が癒されるとどうなるか？」

「根本から人が癒されると、何が起きるか？」


答えは、その人の現実が一氣に変わります。それも短期間で。


僕の場合は、まず翌日に起きました。

昨日の感動体験の感想を述べた僕に、メンターはこんな課題を出したのです。

「トシ、昨日は素晴らしい体験をしたね。

それじゃあ、女性恐怖症が消えたか？　試してみよう。

この中で一番魅力的だと思う女性に話しかけてみて。

そしてその人がどれだけ魅力的なのか、話してみよう。

その時にビクビクするか、ワクワクするか確かめてみよう」

一つの冒険の終わりは、次の冒険の始まりです。

メンターの本氣が伝わった僕は、戸惑いながらも、カナダ人のある参加者に想いを伝えました。

そこで僕はとても大切な経験をしました。

自分の想いを自然と伝えられたこと。

その想いを相手に優しく受け止めてもらえたこと。

彼女は、終始優しく僕の想いを聞いてくれました。

そして、昨日の僕の挑戦を「サムライ」として称《たた》えてくれました。

彼女の最後の言葉は、今でも憶えています。

「あなたにも、素敵なパートナーがすぐに現れることでしょう。

そしてお母さんに、あなたの昨日の姿を見せてあげたい。

『トシ、生まれてきてくれてありがとう！』って言って、お母さんはあなたを抱きしめてくれることでしょう」

僕は、大きな喜びの中にも後悔を感じていました。

自分は果たして一言でも、

「お母さん、大好きだよ」「お母さん、大事に育ててくれてありがとう」

と伝えたことがあっただろうか。

伝えていたら、母はどんなに喜んでくれたことだろうか！

そして母からも、どんなに僕を愛していたかを伝えてくれたかもしれない。

そしたら、人生の大きな誤解が解けて、こんなに遠まわりをしなくてすんだのではないか！

僕は心に決めました。

・自分は愛される存在だと認めること
・人から注がれた愛を拒まないこと
・人に愛を伝えることを恐れないこと

実践の機会は、すぐに来ました。

なぜならば自らつくったからです。

9日目の夜に、僕はある冒険をしました。

日本から一緒に来ていた女性参加者の方に告白をしたのです。

結論からいえば、返事はNOでした。彼女には、既に恋人がいました。

しかし僕は大きな自信を得ました。

誰の力も借りませんでした。

何のお膳立《ぜんだ》てもありませんでした。
にもかかわらず、自分の想いを素直に伝えられたからです。

⑩現実の変化は1ヵ月以内に起きる

内側の世界は、やがて外側の世界をつくります。
ハワイから帰国した僕は、まるで別人になっていました。

・1ヵ月くらいは、なんだか、胸の辺りから、自分の手でも感じられるくらい、エネルギーがあふれている感じすらしました。
・声に張りが出て、力強くなっている。
・何をするにも自信にあふれている。
・チャレンジも思い切ってする。
・とにかく心が軽く、生きているのが楽しい。

やっていることは以前とさほど変わりません。

しかし、周囲からの評価はまったく違いました。

これが「癒し」の力を得た人に起こることです。

そして、帰国して1ヵ月後に、今の妻に出会うことができました。

交際は順調に進み、1年後には結婚し、以後30年、円満に夫婦生活を送っています。

⑪それから20年後に起きたこと

いかがでしたか？　なかには、こんな疑問を持った方もいるかもしれません。

「望月だから体験できたんじゃないの？」

「素晴らしいメンターだから誘導できたんじゃないの？」

「みんなの前で自分の過去を赤裸々に語らないといけないの？」

「みんなの前でそんなことをさせられるの？」

実は、僕自身も何度も考えた問いかけです。

なぜならば、多くの方に僕と同じような内面の旅をより安全・安心に体験し、短期間で現実を変えてほしいと思ったからです。その想いを実現するまでに、課題は山積みでした。

その探求は、２０１１年に『エネルギー・マスター・プログラム』という形で昇華するまで、実に20年近く続きました。

第3章では、その行き着いた先の僕自身の結論と、あなたの中にある可能性を輝かせるワークをご紹介します。ぜひ、楽しみにしていてくださいね。

5 人生の風向きは、たった一言で変わる

以上で、第2章と3つの物語を終えます。最後に1つのエピソードをお伝えしたいと思います。妻にプロポーズする直前のお話です。

クリスマス・イブのデートを終えて、僕はいよいよプロポーズしようと意氣込んでいました。

しかし、電話口に出る彼女の声は急に重くなっていたのです。

「年末は実家のお米屋を手伝い、お餅つきをしたり、忙しいから会えない」

「その日は親戚とスキーに行くから会えない」

2度、3度と電話をしたものの、返ってくるのは「会えない」の言葉ばかりでした。

僕は、電話をすることが日に日に怖くなりました。

あと一歩というところなのに。

「結局、自分は愛されていない」

「やっぱり最後はこうなるんだ」

今までの僕ならば、深い失望のうちにあきらめていたことでしょう。

しかし、根本から癒され、人生の脚本を書き替えた僕は以前とは違いました。

僕は、次に会える日が決まるまで電話を続けました。

その結果、再び会えることができ、プロポーズは成功しました。

後に、妻にその時のことを聞いたことがあります。

やはり、妻も、次に会う時はプロポーズされると予想していて、「人生をここで決めていいのか?」一大決心のため、とても不安だったと言っていました。

もし、僕が勇氣を振りしぼって電話をかけ続けることができず、「会いたい」の一言が言えなかったら、あの時に交際は終わっていたかもしれません。

それまでの僕だったら簡単にあきらめていたに違いありません。危ういところでした。

思えば、僕の人生を変えたのは、たった1つの言葉や、たった1つの行動でした。

「2週間の休暇をとらせてください」

「どういう条件が整ったら提案を受け入れられますか？」

「僕とつき合ってください」

「僕と結婚してください」

人生の風向きは、たった1つの言葉や行動で変わります。

・あと一言「自分がやります」と言っていたら、実は、大きなチャンスを手に入れていた。
・あと一言「ありがとう」と言っていたら、実は、大切な絆を失わずにすんでいた。
・あと一言「心からお勧めします」と言っていたら、実は、大きな商談は成立して、相手も喜んでくれた。
・あと一言「やめなさい」と言っていたら、実は、大切な人が苦しまずにすんでいた。
・あと一言「結婚してください」と言っていたら、実は、結婚が決まり、全然、違う人生を生きていた。

・あと一言……。

後々、「実はあの時……」と知らされたら、本当に悔しい思いをするものです。

それだけは避けたいと思いませんか？

逆に、あと一言を伝えた後に待っている、想像もできなかったような楽しい未来を迎えてみたいと思いませんか？

もちろん、その一言を伝えるのが、どれだけ大変なことかは十分にわかっています。

その時、あなたの背中を押してくれるもの、あなたの勇氣を奮い起こしてくれるもの、それが「癒し」の力なのです。

そして「癒し」の力は、誰でも身につけることができます。

そのための体系化された理論や方法があります。

そこで、次の章では、

（1）「癒し」の力を身につける究極の3つのステップ
（2）僕の今の人生をつくった、ある「冒険」の記録

をお伝えします。

（1）は、僕の「癒し」の研究の集大成とも言えます。

あなたが今どんな状況であっても、その場所から人生を変えていくことができるようになる理論と習慣を公開します。

（2）は、これまでほとんど伝えなかった、ある大きな「冒険」について、そのリアルな記録を語ります。

「冒険」の前にどんな葛藤が起きるか。

「冒険」を始めた時に何が起きるか。

「冒険」のおかげでどれだけ人生が変わるか。

本を閉じ、旅立つあなたの背中を押させてもらいます。

それでは、まず第3章では、「『癒し』の力を身につける究極の3つのステップ」をお伝えします。

第3章

「癒し」の力を身につける究極の3つのステップ

1 「する」前に「なってしまう」

いよいよ、この章では「癒しの力」を身につけることにトライしましょう。
このプログラムの目的は3つあります。

①　あなたに「癒し」の力を身につけてもらうこと
②　その結果、「自分には価値がある」と心から感じてもらうこと
③　そこをスタート地点として、人生を変える「冒険」に旅立ってもらうこと

これをより早く、より確実に実現するにはどうしたらいいのでしょうか？
それには「する（DO）」前に「なってしまう（BE）」ことが最高の極意です。
通常何かを学ぶ時、人は次の順番で身につけていこうとします。

【ステップ1】DO（とりあえず行動・実践をする）―働いて・行動して・努力して
【ステップ2】HAVE（やがて、何か成果が出る）―目標としているものを手に入れて
【ステップ3】BE（成果から能力が身についたと確信する）―満足する・幸せになる

しかし加速的に成果を出す人の順番は違います。

【ステップ1】BE―目標としているものを既に手に入れ、満足し、幸せになり、ワクワクした状態になり
【ステップ2】DO―その氣持ちになった状態から行動・働き・努力する
【ステップ3】HAVE―するとスムーズに事が運び、意外とカンタンに手に入る

では、どうすれば「する」前に「なってしまう」ことができるのでしょうか？
ご心配なく。
実は、あなたは既に「癒し」の力を使えるように「なっている」のです。
どういうことでしょうか？

2 「癒し」の力は、remember（思い出す）もの

「癒し」の力とは、新しく付加する能力ではありません。もう既にあなたの中に存在しているが、まだ引き出されていない能力です。

つまり、「癒し」の力を身につけるとは、「癒し」の力を「思い出す」ことなのです。

「思い出す」＝“remember”

この単語ほど「癒し」の本質を示したものはありません。

“remember”というスペルを見てみましょう。

“re”は「反復」を示す接頭語です。

“member”は、「仲間」「一員」などを示します。

つまりrememberとは、

「バラバラになって孤立したものが、もう一度、大きな存在の中の大切な一員に戻ること」

「自分たちが誰なのか？　を思い出し、宇宙の一員に戻り、協力し合うこと」

これが、「癒し」の本質的な表現です。

では、「癒し」の力を「思い出す」には具体的にどうすればいいのでしょうか？

ここで、「『癒し』の力を身につける究極の3つのステップ」の登場です。

3 初公開！「癒し」の力を身につける究極の3つのステップ

［ステップ1］過去の自分と対話する。

［ステップ2］未来の理想の自分と対話する。

［ステップ3］今この瞬間の自分と対話する。


この3つのステップを繰り返すことで、あなたは内に眠る「癒し」の力を思い出します。

そして、自分の価値を確かなものにします。

そのためのワークも用意しています。いずれも、あなたが一人で、どんな環境でも続けていけるものばかりです。

それでは、［ステップ1］から解説していきます。

［ステップ1］過去の自分と対話する…「ありのままの自分の素晴らしさ」を思い出す

「自分には価値がある」

心からこう思えて、自分自身を全肯定するためには、まず何をするべきでしょうか？

それは、**「ありのままの自分」「本来の自分」の素晴らしさ**を思い出すことです。

「ありのままの自分」には、過去の自分も含まれています。

そこで、「ステップ1」では、過去の自分に光を当てていきます。

そのために、こんな方法を通して過去の自分と対話していきます。

ワーク：「引き寄せ脳 開発法――日時計転換法」

「日時計」をご存じですか？

太陽がつくる影の動きで時間を測る時計。人類が最初に発明した時計です。

日時計が使えるのは、太陽の出ている時間です。これは、人生の「明るい」側面の喩《たと》えとなります。次の手順で進めていきます。

【日時計転換法のやり方　基本編】

［ステップ1］ あなたの人生の中での「明るく誇りに思えるハイライトの時間」を紙に書き出していく。

□ 楽しかったこと
□ 愛や喜びを感じたこと
□ 強い自信を感じたこと
□ 誇らしい達成感を感じたこと
□ 心からのつながりを感じられたこと……など

［ステップ2］ それを見ながら、あなたにはどんな才能や情熱があるかをまとめていく。

「自分の人生には、いいことなんてあまりないよ」

「自分の人生で誇れることなんて、少ししかないよ」

こんな方もご安心ください。

たとえ、数が少なくても、そこから見出せる、あなたの隠れた素晴らしい本質や才能が大切なのです。

失敗が多い人も大丈夫です。野球選手も3割を打てれば、名選手です。

ぜひ、楽しんでやっていきましょう。

慣れてきたら、【発展編】もあります。

【日時計転換法のやり方　発展編】

［ステップ1］今度は、必ずしも日の当たらなかった人生の時間を紙に書き出していく。
□　辛かったこと
□　悲しかったこと
□　失敗したこと
□　怖かったこと

□ 悔しかったこと……

［ステップ2］ それを見ながら、あなたが乗り越えてきた経験が与えてくれた学びをまとめていく。

人生には、何一つ無駄はありません。すべてが輝かしい瞬間なのです。すべてが何かを教えてくれます。深い意味をくみ取ることができます。

成功したり、熱中したり、感謝されたことは、あなたに、「どんな才能があるか」「どこに情熱があるか」「何をしたら一番喜ばれるか」を教えてくれます。

一方で、失敗したり、苦しんだり、壁に直面したことは、「どう乗り越え、どう立ち直ればいいか」「同じように苦しんでいる人に乗り越えるヒントと勇氣を与える」といった学びや不屈の力を与えてくれます。

とはいえ、なかなか過去を振り返る時間を一氣につくるのは、大変ですよね。

そこでこんな工夫を提案します。

［ステップ1］ あなたのこれまでの人生年表をつくります。
［ステップ2］ そこに思い出した時に、付箋で出来事を貼っていきます。
［ステップ3］ 時間があれば、その年表を見て自分を振り返る習慣をつけます。

セルフイメージが、人生を決める

日時計転換法がもたらす最大の恩恵。それが、「セルフイメージを上げる」ことです。

こんな質問を考えてみてください。

「なぜ、今のあなたの状況が形づくられたのでしょうか？」

世界のマスターたちは、そろってこう言います。

「それは、『自分にふさわしい』と思った判断の積み重ねによるものです」

「人間は、自分にふさわしいと思ったものになる」
この原理を「セルフイメージ」と言います。

すべての自己成長の啓発プログラムは、「セルフイメージ」をいかに早く確実に上げるかを目指してつくられてきました。日時計転換法は、そのための方法です。

日時計転換法は、あなたの人生の暗かった部分にも優しく光を当ててくれます。

それにより、あなた自身を「丸ごと」愛し、心の傷を癒し、魂の目的を思い出させてくれます。

すると、自分の価値を強く感じることができ、

「それだったら、自分にはもっとふさわしいものがある！」と思えてくるのです。

その結果、こんな未来が待っています。

（1）本物の自信が湧いてきます。
（2）自分の才能の在《あ》りかがわかり、進んでいく方向が明らかになります。
（3）魂の目的・人生のヒントを、見つけることができます。

ぜひ、やってみてくださいね。それでは、「ステップ2」に行きましょう。

「ステップ2」未来の理想の自分と対話する…「未来をつくる力があること」を思い出す

「ステップ1」を経て、あなたは自分への愛が深まったことでしょう。
「自分には価値がある」という思いも、一層強まったことでしょう。
そんなあなたには1つの役割があります。
それは、「価値を広げていくこと」です。
「そんな力があるのだろうか？」と思われたとしても、恐れる必要はありません。
なぜならば、あなたにはその力があるからです。
これこそが、人間と他の動物の最大の違いです。
人間だけが、自分の理想の未来を見定め、それをつくっていくことができるのです。
「ステップ2」では、あなたにその力があることを思い出してもらいます。

そのためには、「未来の理想の自分」と対話していきます。

でも、こう思うかもしれません。

「『未来の理想の自分』なんてどうやって会えばいいの？」

ご心配なく。とっておきの方法があります！

ワーク1：「宝地図」をつくる

それが、「宝地図」です。
僕は、「宝地図」をこう呼んでいます。
「成功法則・夢実現方法のメインディッシュ」
最も早く、最も確実に、あなたの目の前に、
「理想の世界の青写真」と、
「未来の理想のあなた」を、
出現させてくれます。
なぜ、自信を持って言い切れるか？

それは、古今東西のあらゆる成功法則・夢実現方法は結局、同じ点に行き着くことがわかったからです。

「夢が叶った時の様子をありありとイメージして、既に達成したかのように味わえば、夢は叶う」

この1点を実行してもらうために、手を変え品を変え、さまざまなプログラムが開発されてきました。

「口ぐせ」
「脳科学・右脳開発」
「メンタルトレーニング」
「手帳術」などなど……。

そこで、僕は考えました。

「すべての要素が入ったオールインワンの手法をつくりたい」
「それでいて、世界中の誰もが楽しんでできるものをつくりたい」

14歳から始まった40年以上の研究の結論が、「宝地図」として年々、進化しています。

それでは、つくる手順をご紹介しましょう。

【宝地図のつくり方と実践法】

［**ステップ1**］模造紙もしくはA1（約85×60㎝）の大きい白紙かコルクボードなどを用意し、一番上にあなたの名前かニックネームを入れて「○○○○の宝地図」と書きます（できるだけカラフルに視覚に訴えるようにしましょう）。

［**ステップ2**］紙の中央か目立つところに、あなたがニッコリと幸せそうに笑っている写真を飾ります。あるいは家族と一緒の写真など、喜びや楽しみを共有したい人たちが笑顔で写っている写真でも構いません。

［**ステップ3**］手に入れたいものや目標を具体的に示す写真やイラストなどを数点、雑誌、カタログ、インターネットから抜き出し、配置する。どのように配置するかはあなたのフィーリングで決めて結構です。

［**ステップ4**］明確な目標を設定するため、写真やイラストでは補いきれない部分は文字で記入します（期限や条件など）。

［**ステップ5**］この目標があなたや他の人々のより高い利益に貢献するようなアイディアを

ふくらませ、その理由を書き出します。
［ステップ6］「目標達成することが、あなたの人生の目的や価値観に沿ったものか？」「手に入れたいものの本質は何か？」を考えます。
［ステップ7］完成したら（もちろん完成前でも）頻繁に目にするところに飾り、眺《なが》めます。
［ステップ8］具体的な一歩としての行動計画、行動リスト「今週（今月・今日）の実践」を記入し、行動・実践する（4、5、8のステップは大きめの付箋を使うと書き直し、貼り直しが自由にできて便利です）。
［EXTRA］さらに、完成した「宝地図」をスマホ・デジカメなどで撮り、待ち受け画面にしたり、プリントしたりして、手帳の中、定期入れ、トイレなどの目につく場所に貼ることもお勧めします。

いかがでしたか？　とてもシンプルでしょう。
しかし、実はここまでは準備に過ぎません。

宝地図づくり7つのポイント

宝地図には、必ず盛り込みたい7つの要素があります。
最初はいいなと思った写真を貼るだけでもOK。
だんだんに宝地図をグレードアップさせていきましょう！

ワーク2：「宝地図」との対話が「引き寄せ」を起こす

「夢が叶った時の様子をありありとイメージして、既に達成したかのように味わうこと」

前述の通り、夢実現方法の極意はこの一言に尽きます。

もう少し詳しく見ると、次の3つのステップになります。

［ステップ1］ 夢が叶った時の様子をありありとイメージする。
［ステップ2］ その時に感じると思われる感情を先取りして、今現在の時点で深く味わう。
［ステップ3］ すると、その感情を得るために必要な行動や挑戦ができるようになる。

夢が叶うのは、この後です。

しかし、このプロセスは本人以外からは見えません。

そこで、周囲はこんな表現で賞賛するのです。

「あの人は、夢を『引き寄せた』ね」と。

これが**「引き寄せの法則」のメカニズム**でもあります。

ですから、「宝地図」はつくった後が本番です。

「つくった宝地図を眺め、そこにある理想の自分と対話する」

この習慣に大きな意味があります。


「貼れば叶う魔法のお手軽ツール」

時として、「宝地図」をこう捉える人もいます。

「宝地図」が広まるのは、本当に嬉しい。

でも、本質が伝わらないのは、勿体ないことです。

僕は、常にお伝えしています。

「夢を叶えるのは、宝地図ではありません、あなた自身です」と。

では、「宝地図」の本当の役割とは何か？

2つの役割があります。

①「宝地図」は、夢へのナビゲーションシステム

夢が叶わない最大の理由――それは夢を忘れてしまうことです。

でも、「宝地図」を眺め対話するたびに、再び夢が心に戻ってきます。

それを繰り返すと、いつしか夢と今の自分が一体化されます。

「自分は夢を叶えてもいい存在だ」と心から思えるようになります。

そして、夢が叶うのです。

８００万部を超えるベストセラー作家の本田健さんは言っています。

「成功者の頭の中には、『宝地図』が動画でインストールされている」と。

②「宝地図」は、あなたのメンター・コンサルタント・コーチです。

成功者には、必ず人生の指針を示すメンターがいます。

優良企業には、必ず優れた戦略を考案するコンサルタントがいます。

トップアスリートには、必ず勝利への道筋を支えるコーチがいます。

そして、最も大切なのは、彼らはそれを無名の頃から対価を支払って雇ってきたということです。だからこそ、最初から道を間違えずに成長できたのです。

でも、ここでいいお知らせがあります。

あなたの理想の世界の青写真である「宝地図」がそのすべての役割を担《にな》ってくれます。


「理想の自分にふさわしい『言葉』を使っているか」

「理想の自分にふさわしい『イメージ』を持っているか」

「理想の自分にふさわしい『感情』を感じているか」

「理想の自分にふさわしい『行動』をしているか」


「宝地図」を眺め対話するたびに、そこに浮かぶ理想のあなた自身が今のあなたをチェックしてくれます。

「宝地図」は、あなたの最大の理解者であり、最高の伴走者です。

ぜひ、日々対話する習慣を身につけてください。

本当の夢実現は「調和」の中にしか起きない

世の中には、沢山の夢実現方法・目標達成法があります。

その中で、なぜ「宝地図」は、あなたに貢献できるのか？

そこには、僕の大きな想いがあります。

僕は、独立する前は、能力開発の研修会社で講師をしていました。

その頃から、目標達成には携《たずさ》わっていました。

僕自身も情熱がありました。お客様にも喜んでいただいていました。

しかし、一つどうしても見逃せないことがありました。

それは、目標を達成し成功した方が、その後、必ずしも幸せになっていないケースが散見されたのです。


「家族のために死に物狂いで成功し、念願の豪邸を手に入れた。しかし離婚することになり、豪邸に住むのは自分一人」


こんなことも起きるのです。

今の僕ならわかります。

「夢実現には、自分以外の世界との調和が不可欠だ」と。

ですから、「宝地図」は単なる「夢地図」や「未来地図」というだけではありません。「自分の笑顔」と「自分の家族・仲間の笑顔」そして「これから笑顔にしていく人々」の写真を貼ることを推奨しています。

そこには、あなたの「過去」「現在」「未来」のすべての時間が共存しています。

そうした「宝地図」に導かれた夢実現は、周囲との調和に満ちています。成功のみならず、その先の本当の幸せまで道筋を示してくれるのです。

この「宝地図」と対話を繰り返せば繰り返すほど、あなたの人生に大きな「癒し」をもたらします。

その結果、こんな未来が待っています。

（1）あなたの夢が想像を超えたプロセスと想像を超えた規模で叶っていきます。

（2）あなたの周りに沢山の同志とも呼べる仲間が集まっていきます。

（3）いつまでも枯れることのない「やる氣」を持つことができます。

ぜひ、やってみてくださいね。それでは、［ステップ3］に行きましょう。

［ステップ3］今この瞬間の自分と対話する…「自分は完璧な存在であること」を思い出す

［ステップ2］を経て、あなたは自分の未来に、とても希望を持てたと思います。「自分には価値がある」という思いも、一層強まったことでしょう。

「過去に感謝し、未来に夢を持ち、今を楽しみながら生きていく」

これが、僕の理想とする幸せの定義です。

あなたは、［ステップ1］［ステップ2］を経て、過去に感謝し、未来に夢を持つことができました。

あとは、「今を楽しみながら生きていく」だけです。

しかし、実はここが一番難しいのです。

「今、この瞬間を生きる」

これは、実は悟りの境地なのです。


僕たちのほとんどは「今この瞬間」に生きていません。


過去への「後悔」。

未来への「心配」。


この2つが絶えず頭をよぎり、90％のエネルギーが奪われているのです。

なぜこんなことが起きるのでしょうか？

それは、**僕らは自分自身を「足りない存在」だと思っているからです。**

「周りに比べて、ここが足りない」

「普通なら、ここまでできていないとおかしい」

「今の時代、これがないと置いていかれる」

でも、本当にそうでしょうか？

思い出してください。
あなたは、ありのままで素晴らしい存在なのです。
そして理想の未来をつくっていく力があるのです。
ですから、［ステップ3］では、こんなことを思い出してほしいのです。

「自分は完璧な存在であるということ」

そのため、こんな「まほう」のヒーリングワークがあります。

ワーク：「まほう」のヒーリングワーク

「まほう」は、「摩法」と書きます。
「全身を手で摩擦する」ヒーリングワークです。
「魔法」でなくて、ごめんなさい。
でも、このシンプルなワークの効果は、まさに「魔法」です。
それでは、まず基本的なやり方を見ていきましょう。

【「摩法」の基本的なやり方】

□ 基本的には、ただ愛情をもって、自分を愛おしい存在として、身体の一部を、または全身を擦《さす》り撫でてあげるだけです。

□ この時、ぜひ自分の身体に、こんな言葉をかけて擦ってあげましょう。

「今まで支えてくれて、本当にありがとう」

「今まで放っていたけれど、それでもがんばってくれて、本当にありがとう」

では、実際にやる時は、どんな順番で行うとよいのでしょうか。

【「摩法」の手順の一例】

「**ステップ1**」まずは、自分の腕を擦ってあげましょう。

左右どちらの腕からでも構いません。片腕が終わったら、反対の腕へ。

各1分ずつほど、擦ってあげましょう。

［ステップ2］次に、頭を優しく擦ってあげましょう。（1分）
［ステップ3］次に、両目を両手で覆《おお》いましょう。（2分）
目は、現代人にとって最も疲れているところです。
［ステップ4］次に、首から肩を擦ってあげます。（1分）
［ステップ5］次に、身体の前面を擦ってあげましょう（2分）
［ステップ6］次に、身体の背面、特に腰やお尻を無理のない範囲で擦ってあげましょう。（2分）
［ステップ7］次に、両足を擦ってあげましょう。
左右どちらの足からでも構いません。片足が終わったら、反対の足へ（各2分）
［ステップ8］ここまでで隈《くま》なく、全身を擦り終えました。
この後、どこか重点的に愛やエネルギーを注ぎたいところがあったら、そこを好きなだけ擦ってあげましょう。

大切なのは、どの［ステップ］でも自分の身体をいたわる言葉がけをしてください。
では、もし時間がとれない場合はどうするか？

たとえば、次のような工夫が考えられます。

（1）各ポジションのヒーリングの時間を半分にする。
（2）現代人が酷使している「頭」と「目」だけに絞って、ヒーリングをする。

手は世界をつくり、世界を癒す

「人間はなぜ進化できたのでしょうか？」

火が使えること？

文字が書けること？

道具が使えること？

いろいろな説があります。

しかし、突き詰めると、それは「**手を使いこなせた**」からです。

今、この世界にある人工物は、みんな人間の「手」からつくり出されました。デジタルの情報ですら、それを打ち込む人間の「手」がなければ、存在しませんでした。

まさに、「**手**」**は**「**世界を**『**創造**』**するもの**」だったのです。

しかし、「手」の力はそれだけではありません。

実は、「**手**」**は**「**創造された世界を**『**癒す**』**もの**」でもあります。

たとえば、こんな思い出はありませんか?

- **幼い頃、泣いていたあなたの背中をお母さんが擦ってくれた。**
- **元氣がなく落ち込んでいた時、友人が肩をたたいてくれた。**
- **がんばった時に、お父さんが頭を撫でてくれた。**

手には、大きな「癒し」の力があるのです。

病氣や怪我《けが》の治療を施すことや労苦に報いる報酬を「手当て」と呼ぶのは、そのためです。

そして、不幸にも治療が遅れ、望む結果が出なかったことを「手当て」が遅れたという意味で、「手遅れ」といいます。

「小手先」といえば、なんとなく「その場しのぎ」のようで、響きが悪い。

でも裏を返せば、それだけ素早く使えるということです。

忙しい僕らは、まず「手」から「癒し」の習慣を始めていきましょう。

この「摩法」は、習慣として実践すればするほど、あなたの人生に大きな「癒し」をもたらします。

その結果、こんな未来が待っています。

（1）自分自身を心から愛せるようになる。

（2）そこから、他の人も同様に心から愛せるようになる。

（3）「持ち越し苦労」「取り越し苦労」に無駄なエネルギーを使わず、自分の望む未来にエネルギーを注ぎ込める。

4 「癒し」の力もトレーニングで伸びる

ここまでお読みいただきありがとうございます。

【「癒し」の力を身につける究極の3つのステップ】

「ステップ1」 過去の自分と対話する。
「ステップ2」 未来の理想の自分と対話する。
「ステップ3」 今この瞬間の自分と対話する。

最も大切なことは、実践の中で、習慣としてこの3ステップを定着させていくことです。
だから、この2つだけは避けてください。

（1）知識として知っただけで、終わりにすること
（2）ワークを1日やっただけで、やめてしまうこと

「力」とつく以上は、やはりトレーニングが必要です。
「水泳」と一緒です。
僕らは生まれる前は、母胎の羊水《ようすい》の中にいました。
だから、本質的には水とは親和性があります。
でも、「泳ぐ」となると話は別です。
自然に泳げるわけではありません。
泳げるようになるためには、実際に水に入る必要があります。
そして、きちんと泳ぎ方を習う必要があります。
本を読むだけでは、泳げません。
部屋でイメージしていても、泳げません。
泳ぎ方を完全に身につけ、活躍するには1日では無理です。
何度も何度もレッスンに通う必要があります。

しかし、一度身につければ、一生忘れない技術です。

プールを離れ、川でも海でも楽しむことができます。

「癒し」においても、何ら変わるものではありません。

ただし、「より大きく」、「より速く」、「より楽しく」トレーニングしていく方法は存在しています。


1つ目は「足し算」のトレーニングです。

2つ目は「掛け算」のトレーニングです。

これは一体どういうことでしょうか？

次章を楽しみにしていてください。

第4章

人生を変える学びの2つの秘策

1 足し算の学びは「成果」を、掛け算の学びは「次元」を上げる

【「癒し」の力を身につける究極の3つのステップ】

［ステップ1］過去の自分と対話する。
［ステップ2］未来の理想の自分と対話する。
［ステップ3］今この瞬間の自分と対話する。

第4章では、この3つのステップの更なる活用法をお伝えします。
より楽しく実践し、より速く結果を出して、より大きな変化を人生に起こす。
そのためには、次の2つの方法があります。

（1）「足し算」型のトレーニングによる積み重ね

（2）「掛け算」型のトレーニングによる飛躍

（1）は、**「習慣」の力を使い、あなたが得る人生の「成果」を着実に変えていきます。**

（2）は、**「仲間」と「環境」と「秘策」の力を使い、あなたの人生の「次元」を一氣に変えます。**

いずれの選択肢もあなたの人生を前進させます。

ただ一つ、やめてほしいことがあります。

それは、**「知識を得てもそれを活かさないこと」**。

その先には、不完全燃焼と未達成に満ちた無氣力で閉ざされた未来しか待っていません。

あなたには、未来をつくる力があります。

ここまで一緒に歩んできた僕は、誰よりもそれを信じています。

それでは、まず「足し算」のトレーニングから見ていきましょう。

2 続く習慣は、1日15分以内

僕らは目まぐるしい変化の時代に生きています。

空前絶後の情報の洪水、デジタル化が進んでも、一向に減らない仕事量、「一人の時間」を死語にしたSNSの普及。

「そもそも自分のために使う時間がとれない」

これが実情でしょう。

僕も長年、「習慣」と「行動」を研究してきました。

そして、こんな原則を発見したのです。

「新しい習慣を自然に身につけるために使える時間は1日1％」

24時間は1440分です。その1％は14・4分。

そうです！　新しいことを身につけるトレーニングは、15分以内で終わる工夫が必要なのです。

では、「ステップ1・2・3」を15分で終えることができるのでしょうか？

3　能力開発は、リラックスから始まる

でも、ご安心ください。

こんなアイディアがあります。

「ステップ1」まず摩法のヒーリングワークをする
「ステップ2」その後で、他のワークと掛け合わせる

「摩法のヒーリングワーク」は、わずか10分程度で身体を深いリラックス状態に導きます。そ

して、この深いリラックス状態の時こそが能力開発にとって最適なタイミングなのです。

なぜなら深いリラックス状態は意識と潜在意識が一つとなり、学びと修得を加速するからです。この状態で次のような「掛け合わせ」を行います。

「ステップ1」「日時計転換法　発展編」と掛け合わせる

この「摩法のヒーリングワーク」は、普段、見落としがちな身体を改めていたわってあげるというものです。

また「アラブの大富豪　富の法則」の核となる健康に目を向けます。

身体と心はつながっています。

からだの細胞1つひとつに過去の強烈な体験とその時の感情が刻まれます。

このワークをしている間に、「あなたの過去の日に当てられてこなかった出来事や思い出の人々のイメージ」が出てくるかもしれません。

あるいは、「現在の報われていない自分自身の姿」が、いつもよりも強く意識されるかもしれません。身体を擦り、いたわるという行為を通して、自分の内面にある癒されていない部分も同時に癒していくことができます。

「ステップ2」「宝地図との対話」と掛け合わせる

リラックスしている時が、自分の潜在意識に夢をインストールする最高のタイミングです。
夜、眠りにつく前に、この「摩法のヒーリングワーク」で、あなたの「宝地図」にある理想の自分自身と夢の叶った瞬間をイメージしながら、そのまま眠りにつきます。

ぜひ、やってみてください。
次に「掛け算」型のトレーニングを見てみましょう。

4 学びは、3つの「掛け算」で最強になる

（1）1人でもできる
（2）どこでもできる
（3）いつからでもできる

これが前述の「足し算」型のトレーニングの特色です。
だから、あなたが今どんな状況にいても着実に望む「成果」に向かっていけるのです。
さらに、「学び」には3つの要素があります。

（1）仲間
（2）環境
（3）秘策

この3つの要素を掛け合わせるとどうなるか？

あなたの「成果」のみならず、人生の「次元」が変わります。

(1) 今まで想像もできなかった人とめぐり会えます
(2) 今まで想像もできなかったチャンスに出合えます
(3) 今まで想像もできなかった才能を発揮できます

第2章でお伝えしたように、僕の人生も「掛け算」型の学びを選んだことで、次元が変わりました。その感動を伝えたくて、人間教育の道を進みました。

僕は会社名をVORTEX（ヴォルテックス）としました。

本来の意味は、「渦巻き」ですが、「**次元が変わるエネルギー・スポット**」という意味でもあります。

5 教育者が変えられるのは、「内容」と「環境」

だから、僕は上記の「学び」の3つの要素について最高のものを提供しようと誓いました。

とはいえ、教育者は2つのことしかできません。

(1) 学びの環境を最高にすること
(2) 学びの内容を最高にすること

この2つがそろって初めて、最高の「仲間」が僕らを選んでくれます。
具体的には、

① 学びの環境を「パワースポット化」する
② 学びの内容を「スロープ化」する

これは、どういうことでしょうか？
まずは、①から見ていきましょう。

教室をパワースポットにする方法

人間は、「環境の動物」と言います。
その人がいつも見ているもの触れているものに段々と似ていきます。
「周りにいる10人の平均年収が、将来のあなたの年収になる」という人もいます。
「環境」については、たしかに物理的な制限もあります。
しかし、目には見えない「場の力」は無限に育てることができます。
すなわち、**「パワースポット」は意図的につくるのです。**

僕は、そのために以下のような7つの環境をつくり上げています。

（1）お互いの学びや参考事例を話し合い、分かち合う環境であること
（2）いつでも戻って来られる環境であること
（3）普段の自分ではできないことに挑戦できる環境であること
（4）情報や才能が集まる環境であること
（5）チームで協力し合える環境であること
（6）研修の方向性や理念の大枠が備わった環境であること
（7）自分たちでつくり上げているという実感の湧く環境であること

では、この「環境」の下で、一体「何を」受け取ってもらえばいいのでしょうか？

6
「ただ楽しんでいたら身についた」を目指して

「ステップアップする」

「学び」の場面でよく使われている言葉です。
階段をのぼるように、無理なく順番に学び、身につけていく。
とても素晴らしい言葉だと思います。
しかし僕は、もう一段上を目指しました。
それは、
「学び」を
「ステップ（階段）」ではなく、
「スロープ（緩やかな傾斜）」にする、

ということです。

「ただ楽しんでいたら、最後には身についていた」
「努力した感覚がなく、いつのまにかできていた」
「とりあえず参加したら、想像を絶する効果が出た」

「段差」すらない、スロープをただただ進めば目的地にたどりつく。僕は、そんなカリキュラムを25年間目指してきました。

そのためには、「何を伝えるか」が大切です。

僕は、膨大な自己投資をして世界中のマスター、第一人者から人生を変える「秘伝」を直接学びました。

そして、自分の人生の「次元」を変えることができました。

しかし、その経験をただ羅列《られつ》するだけでは、教育ではありません。僕は、厳しい基準をもって「何を伝えるか」を精査しました。

［世界最高の学びを実現する6つの基準］

（1）誰でもできるシンプルなものであること
（2）すぐに実践でき、効果が実感できること
（3）日常に戻っても、一生使えること
（4）劇的な変化があり、「感動」を呼ぶものであること
（5）1日で「能力が身についた！」と思えること
（6）3、4日もあれば、今度は人に伝えられるようになること

ずいぶんと非常識だと思います。でも妥協はしませんでした。
本当に心から納得できるものだけを伝える。
もしなければ、自分で1からつくり上げる。
その結果、僕は先達から受け取った「秘伝」を体系化することができました。
そして、**人生の次元を変える3つの「秘策」に昇華させることができました。**

7 人生の次元を変える3つの「秘策」

(1) エネルギー・マスター・プログラム
(2) 宝地図マスターズクラブ
(3) レイキ

これが、ヴォルテックスが提供している「人生の次元を変える3つの『秘策』」です。
僕の命が燃え尽きた後も、後世に残していきたいと願っているメソッドです。
なぜ、そこまで言えるのでしょうか？
繰り返しお伝えしてきました。
「自分には価値がある」と心から思えた瞬間から新しい人生が始まるということ。
そのためには、「癒し」の力を身につけるのが一番だということ。
そのために、次の3つのステップがあるということ。

【「癒し」の力を身につける究極の3つのステップ】

［ステップ1］ 過去の自分と対話する。
［ステップ2］ 未来の理想の自分と対話する。
［ステップ3］ 今この瞬間の自分と対話する。

そして、この3つのSTEPを最高のレベルで実現できるのが、「3つの秘策」なのです。紙面で伝えられる限りをお伝えします。

8 あなたの人生の90％は12歳までにつくられていた

最初は、「**エネルギー・マスター・プログラム**」です。

特に、「ステップ1」「過去の自分と対話する」をより深めたい方は、必見です。

「ステップ1」では、「セルフイメージ」がこれまでのあなたを形づくってきたことをお伝えしました。


では、その「セルフイメージ」そのものはいつ出来上がったのでしょうか？


僕が、研究の中で知ったのは、衝撃的な事実です。

「**セルフイメージの80％は6歳までに、90％は12歳までに無意識の領域でつくられている**」

僕のパートナーシップのセルフイメージがつくられたのは、2章でも書いたように、胎児の頃でした。

また、僕の豊かさのセルフイメージがつくられたのは、小学校にあがる前、野球中継を見ていた父親の「（野球選手は）遊びみたいなことして、お金をもらっていいよなぁ」という一言でした。

はるか昔の些細《ささい》な日常の1コマといえます。

それがセルフイメージを形づくり、その後の人生の方向性を決めていたのです。

「セルフイメージ」の大切さを説く人は、多い。しかし、こうした根本的な原因を見つめて、自分の深い部分から癒していくところまで語ることができる人はほとんどいません。

とはいえ、普通の生活の中では、氣づくことは難しい。セラピストから言われたとしても、受け入れにくいでしょう。

どうしても、自分で無意識の領域を垣間見て心から理解する過程が必要なのです。

「エネルギー・マスター・プログラム」は、それを短時間で安心・安全に行っていくものです。

その結果、あなたは次のものが手に入ります。

（1）まるで赤ちゃんの頃のような爆発的なエネルギーと可能性を手に入れることができます。
（2）これまでの自分の痛みやネガティブな体験が実は、未来への宝物だったことが実感できます。
（3）望む未来へ向けたあなたの人生の脚本をあなた自身の手で描くことができます。

9 夢は1人で叶えてはいけない

次は、**「宝地図マスターズクラブ」**です。

特に、「ステップ2」「未来の理想の自分と対話する」をより深めたい方は、必見です。

「ステップ2」では、宝地図の魅力と宝地図との対話の大切さをお伝えしました。

では、そこで掲《かか》げた夢が今の10倍のスケールと10倍のスピードで叶うとしたら、いいとは思いませんか？

実は、宝地図の夢を叶える力は、次の2つで決まります。

（1）宝地図をつくった時のあなたのエネルギー
（2）宝地図と対話し、実践する時のあなたのエネルギー

そのためには、次の2点が大切です。

（1）宝地図を「誰と」「どんな環境で」つくるか
（2）宝地図で描いた夢を「誰と」「どんな環境で」叶えていくか

実は、夢は1人で叶えるものではありません。

必ず、仲間と「共同創造」していくものです。

しかし、多くの方は、1人で夢を叶えようとしています。

また、夢を語る時も、身近にいる人に語ってしまいます。

だから、夢が叶わないばかりか、否定され、いつのまにか夢を持つことも忘れてしまうのです。

夢には、叶う「語り方」があります。

それは、次の3つの条件を満たした人に語ることです。

条件1　あなたが心から親しいといえる人

条件2　あなたを心から応援してくれる人

条件3　既に夢を実現しており、先を行くレベルの高い人

そんな仲間たちと「宝地図」をつくれたらいいと思いませんか？

そんな仲間たちと生涯、夢を叶えていけたらいいと思いませんか？

「宝地図マスターズクラブ」は、それを生涯かけて楽しんでワクワクしながら行っていくものです。

その結果、あなたは次のものが手に入ります。

（1）心の中の本当の夢を形にすることができます。
（2）行動しないではいられない圧倒的なやる氣・エネルギーが手に入ります。
（3）夢を叶えるためのアイディア・人脈・チャンスを引き寄せることができます。

10 世界は、エネルギーでできている

最後は、「**レイキ**」です。

特に、「ステップ3」「今この瞬間の自分と対話する」を、より深めたい方は、必見です。

「ステップ3」では、あなたの手が持つ「癒し」の可能性についてお伝えしました。

「レイキ」は、日本発祥の手当て健康法として世界中に知られているものです。

僕自身が開発したものではありません。

しかし、僕は誰よりも熱意をもって、この「レイキ」の普及に取り組んできました。

「レイキ」はどん底だった僕と家族に、「やすらぎ」と「幸せ」をもたらしてくれました。

そして、「レイキ」を広めていく過程で、商業出版や借金返済などの「豊かさ」を受け取ることができました。


なぜ、こんなことが起きるのでしょうか？

お氣づきになった方もいるかもしれませんが、僕はここまで沢山「エネルギー」という言葉を使ってきました。

この世界にあるすべてのものは、実は「エネルギー」が目に見える形になったものなのです。

あなたの人生も、あなたのエネルギーを高めれば高めるほど大きく広がっていきます。

だからこそ、次の3つのことが必要となります。

（1）あなたの中のエネルギーを100％解放すること
（2）あなたの枠を超えた無限のエネルギーとつながること
（3）その結果、周囲との絆を強め、よいエネルギーの循環を起こすこと

この3つを最も身近な「手」を通して、実現させてくれるのが「レイキ」です。
その結果、あなたは次のものが手に入ります。

（1）尽きることのない愛のエネルギーを受け取り、周りにも与えることができます。
（2）今まで受けてきた愛に氣づき、自分自身の価値と可能性を揺るぎないものにできます。
（3）まるで宇宙が「お膳立て」してくれるかのように人生のバランスやリズムがよくなります。

11 「次は、自分の番！」と思った瞬間から、人生は始まる

ここまでお読みいただきまして、ありがとうございます。

本章の最後に、一足先に上記の３つの「秘策」を学ぶことを選択し、人生の「次元」を変えた方々のストーリーを分かち合いたいと思います。

そして次章では、僕自身の人生の「次元」を変えた冒険のストーリーを分かち合います。

ここからは、ぜひ２つのことを心がけてください。

（１）その方の人生の「次元」が変わる時に、何を選んだかを意識しましょう。

（２）そして、自分の人生にも同じような（またはそれ以上）の変化が起きると思いましょう。

「次は、自分の番！」と思えた瞬間から、既に新しい人生は始まっているのです。

【体験】17年間の悩みが3日で解消――鹿野 恵さん

「過去最高に恨んでいた人に感謝ができた時、人生が変わりました。

私は、ずっと対人恐怖症で、自分にまったく自信がありませんでした。

きっかけは小学校2年生の時にいじめを受けたことです。それ以来、絶えず自分のことを責め続け、いつも人といるとヘトヘトに疲れていました。

どうにか自分を変えようと、中学生の頃から自己啓発、心理学を学び、さまざまな療法を受けましたが、ずっと、当時の悲しみが胸に染みついたまま人への恐怖心が消えませんでした。

そんな中、心のブロックを外すエネルギーマスターというワークがあると聞きました。最初はあまり期待していなかったのですが、受けてみて驚きました。今まで17年間とれなかった感情が、3日間ですっきりなくなってしまったのです。

それだけではありません。ワーク中に、過去私をいじめた子たちが、笑顔で近づいてくるイメージが出てきました。最初は頭では理解できませんでしたが、その子たちの満面の笑みを見て、『あぁ、生まれてくる前に私が試練を頼んだんだ』と思い出しました。

いじめられる経験がなければ、あんなに必死に癒しについて学ぶこともなく、真剣に自分の人生を変えようと行動することもなかった。私がこの人生を歩むことになったのは、あの経験があったからだとわかったのです。それがわかった時初めて、その子たちに心から『ありがとう』と伝えられました。

その後、人がまったく怖くなくなりました。そして自分はありのままで愛されていいのだと許せるようになりました。そして、次々と日常の中で変化が起こり、あたたかな人間関係に恵まれ、人と自然体でいられる自分になりました。

他にも、1ヵ月に3人の男性から告白されたり、自分の価値を認められるようになったため入ってくるお金、使っていいと思うお金の量が増えました。

今、私は『常に緊張し、息苦しかった』人生を手放し、『心地よくありのままの自分でいる』人生を過ごしています。そして同じように苦しんでいる人たちがその人らしくイキイキ生きるお手伝いをするために、エネルギーマスターを広めています」

【体験】36項目中33項目ドンピシャな女性と出会い結婚——神戸《かんべ》正博さん

「宝地図を一言で表現するならば、『考えるより先に、チャンスの方から近づいてきて、意味がわからないほどに人生が好転するツール』。

このようなことが多くの方に起こってほしいと思い、日々宝地図の普及に努めています。私は、現在ヴォルテックスの講師として日々お客様の夢実現に貢献する日々を送っています。

しかし、10年前は仕事にも情熱が感じられず毎日を悶々《もんもん》と過ごしていました。TVで華々しく活躍する人たちを見ながら、『夢は選ばれた人間だけが叶うもの』と信じていました。

そんな時に、宝地図に本を通じて出会いました。本から『夢を持ち、叶える勇氣』をもらった私は、宝地図を本格的に実践するために1日で宝地図をつくり上げるワークショップへと参加します。

『一言でもお礼を言いたい』そんな想いを抱き参加しましたが、まさかそこから『宝地図』で夢が叶い続ける日々がスタートするなんて夢にも思わないこと。

夢は次のようなことを貼っていました。

『1000人以上の前で講演をする』

『学校などの教育の場で講義をする』

『理想の女性と結婚する』

長年機械加工の現場に従事し、少人数の前で話す経験すらなかった私にとっては難易度の高い夢。しかし、『1000人以上の前で講演をする』という夢はそれから4年後に3000人の前での講演という形でスケールアップして実現しました。

『学校などの教育の場で講義をする』という夢も、大学はもとより教育委員会、高校など当時は予想もしなかった教育機関から声をかけていただき登壇できるようになりました。

そして、『理想の女性と結婚する』です。宝地図に貼った理想の女性の項目36個。そのうち、なんと33個を満たした運命の女性と２０１３年の6月に出会え、驚きました。１年後には結婚し、現在は娘にも恵まれています。

現在も私は『宝地図』をつくり続けています。宝地図は、あなたがどんな状況にいても、明るい未来を切り開く力を与えてくれます。ぜひ、一緒に宝地図のある人生を歩んでいきましょう！」

【体験】宇宙のエネルギーとつながることで、人の無限の可能性と素晴らしい価値を教えてくれるレイキ――廣野慎一さん

「10年前から氣功や能力開発の先生に師事して指導を受け、投資したお金は数百万になっていました。そんな時に、レイキの話を聞きました。もう学び尽くしたので、最初は、今さらレイキを学ぶ必要性をあまり感じていませんでした。

ところがご縁が重なり、レイキを体験すると、『氣功や能力開発を通じて、自分が求めていたものは、このレイキだ！』と確信するまでになりました。誰でも簡単に身につき、ビジネスでも、人間関係でも、パートナーシップでも日常生活のあらゆるところで実践できますし、同時に、氣功や能力開発のエッセンスを凝縮したものだったからです。

学びはじめると、私の人生にも大きな変化が起きました。

レイキでは多くの人が、物事が自然にうまくまわっていき、人生が好転していく現象を体験します。レイキは宇宙のエネルギーとつながることや、宇宙のリズムに乗ることと深く関係があるので、私の人生にも次から次へと奇跡的なことが起こっていったのです。

今さら必要ないと思っていたレイキにどんどん惹《ひ》かれるようになり、氣がつくと1年後には教える立場になり、レイキの魅力に周りも巻き込まれてくるようになりました。

その結果、それまで、氣功教室を開いてもなかなか参加者が増えず、自立することが難しかったのですが、レイキの評判が口コミなどで広がり、東京でレイキの講座を定期開催することができるようになりました。

そしてレイキの受講生が氣功教室にも集まるようになり、あれよあれよという間に、東京だけではなく、北海道、名古屋、大阪、福岡と全国でレイキセミナーや氣功教室などを定期開催するまでになりました。

さらには噂を聞いた方々が、海外からも駆けつけてくださり、その方々が今度は私をアメリカやイギリス、中国、グアムなどに呼んでくださり、セミナーを海外でもさせていただくこともできました。こんなことは6年前は想像さえもできないことでした。

現在は毎月100名近くの方にレイキやセミナーをさせていただき、受講生数はこの6年で6000人を超えるまでになりました。

私はレイキについて、『人間の無限の可能性に氣づかせてくれ、人間が持つ素晴らしい価値を教えてくれる』と語っていますが、レイキの素晴らしさを目の当たりにするたびに、レイキを一人でも多くの人にお届けしたいと思う毎日です」

第5章

すべては1つの「冒険」から始まる

1 冒険とは、自分の安心領域を広げること

「冒険」——この言葉からあなたはどんなことを連想しますか？

「冒険とは、危険なことを周りの反対を押し切って、あえて非日常的なことを行うこと？」

しかし、僕の考える「冒険」は大きく違います。

「冒険とは、自分の安心領域を広げていくこと」

研修で2つのことを伝えていると言いました。

（1）お客様の「安心領域」を確かなものにしてもらうこと
（2）お客様が「安心領域」を広げるお手伝いをすること

僕は「人生の冒険をする人」のお手伝いをしていることになりますね。

なぜ、僕はこんなことが言えるのか。こんな役割を担えるのか。それは、

（1）僕自身が大きな「冒険」をしたことがあるから
（2）その「冒険」で人生を大きく変えたから

では、どんな「冒険」だったのか？

2 未来への一歩は、とにかく手をあげること

それは、僕のパートナーシップが激変するきっかけを与えてくれたメンターがカウンセラーの養成講座を行うというお知らせでした。

来日セミナーの時、こんなことを言っていました。

「今度、僕の初となる認定カウンセラーの養成講座を行うことが決まったんだ。この中で、参

加したい人はいるかな？」

僕は、真っ先に手をあげました。立ち上がらんばかりの勢いでした。

「自分には価値がある」と思えるようになると、こういう瞬間は居ても立っていられません。

みんなも同じだろう。そう思って僕は、辺りを見まわしました。


……誰も手をあげていない。


理由は、すぐにわかりました。

まだ「受講料」も「開催会場」も「開催日数」も告知されていないのです。

とにかく、真っ先に手をあげた僕はメンターと仲間から祝福の拍手を受けました。

僕は、内心「困ったなぁ」と思いながらも笑顔で祝福を受けました。

しかし、次の瞬間、その笑顔は消えました。

3 やる氣だけでは人生は何もできない

告知されたのは、こんな内容でした。

□ 開催地は【ハワイ】です。
日本ではないので、渡航費と宿泊費（それもホテル代）がかかります。

□ 講座の開催日数はなんと【66日間】！
しかも、隔月で【22日間】を3クール行うというスタイルです。

正直、これには参りました。そのたびに往復の渡航費がかかります。さらに、定期的に長期休暇をとるので、会社勤めのままでは、とても受講はできません。

□ 当然、受講料は超高額といっていいものでした。
その当時の僕は、ビジネスと不動産投資の失敗もあり、5千万円の借金がありました。

□ さらに、日本人向けツアーなどはありません。

僕自身で、講座中の通訳者を探す必要があります。
通訳者も単に英語ができるだけでなく、メンターの理論を理解できる専門家であることが条件です。もちろん、その方の通訳料はもちろんのこと、滞在中のホテル代や渡航費も僕が負担しなければなりません。ナント受講料も含め、総額、約400万円！

□ しかも、今回が初開催の試みです。
実績も内容の保証も一切ありません。まったくの未知数のセミナーです。

あまりにも、あまりにも当時の僕にとってはハードルの高い受講条件でした。
とはいえ、歓迎モードのメンターに対して「やっぱりやめます」とは言えない。
それよりも「とにかく行きたい」。僕の悩む日々が始まりました。

4 人生の壁は、いつも「お金」「時間」「他人の賛同」

不安な中、僕は考えていました。

「お金をどう用意すればいいか」

「周囲の人をどう説得すればいいのか」

「時間は、どうやって都合をつければいいか」

「果たしてきちんと学べるのか」

「学んでもきちんと日本で活かしていけるか」

答えは出ません。

不安は、やがて恐怖に変わっていきました。

僕の前には「壁」がそびえていました。

お金の壁。

時間の壁。

他人の賛同の壁。

どれも果てしなく高く厚いものでした。

でも、本当に怖かったのは「他人の賛同の壁」でした。

「借金が5千万円あるのに、現状を捨てて400万円かけてハワイに留学する」

誰に言っても、笑われるでしょう。

誰に言っても、呆れられるでしょう。

僕が本氣だとわかれば、今度は注意・叱責されるでしょう。

そして浮かぶのは妻の顔でした。僕は妻を本当に愛していました。

出会えたのが奇跡だと思っていました。

本氣で「世界一、幸せにする」と誓いました。

しかし、実際は、苦労ばかりかけていました。

そんな彼女に、この話をしたらどうなるか？

とても驚き、とても悲しむかもしれません。ひょっとしたら、パートナーシップもこれで終わりになるかもしれません。それだけは避けたい。

心の中では、こんな声がしました。

「そんなことをしている場合じゃないだろう」

「もっと自分の身の丈を考えろ」

「いつまで周りの人に迷惑をかけるつもりなんだ」

その声は、こう続きました。

「日本で開催される可能性もあるだろうから、その時に参加すればいいんじゃない？

今は、他にやるべきことがあるだろうから、それをやりなさい」

反論の余地のない正論です。

今までの僕であれば、そのまま受け入れたことでしょう。

5 信じるなら、未来の自分だけを信じよう

しかし、僕は過去からの延長線上にある「今の自分」を信じる代わりに「未来の自分」を信じました。

「未来の自分」は、こう語りかけてくれました。

「今、大変だからこそ、現状を変えるためにも、挑戦するべきだ」
「君の可能性はこんなものじゃない」
「君が成長して貢献することが、最高の恩返しだ」

そして、こう続けました。

「チャンスは自分に都合よく合わせてくれない！
チャンスに自分を合わせていこう！　するとチャンスは無限に現れる！」

僕は、ハワイに学びに行くことを決断しました。
とはいえ、状況は厳しいままです。
「なんとかなるだろう」という甘えは許されない。
「どうにでもなれ」という自暴自棄は通じない。
そんな中、僕にできるのは「どうにかすること」だけ。

しかし、僕には不思議と安心感がありました。

今ならば、その理由がわかります。

それは、僕自身が「癒し」の力を手に入れていたからです。

「自分には価値がある」と心から思えていたからです。

とても小さいけど、揺るぎない「安心領域」があったからです。


自分が決意したところで、目の前の壁は消えません。

その壁を超えるのは、大きな「冒険」でしょう。

しかしその「冒険」は決して、無鉄砲なものでも自暴自棄なものでもありません。

ただ、自分の「安心領域」をどんどん広げていくこと。

これが僕の挑むべき「冒険」でした。

では、まず何から手をつけるべきか。それは、愛する妻にこの決意を伝えることでした。

6 一番の味方は、一番そばにいる

妻は、僕の決意を受け取ってくれました。本当に嬉しかった。

僕の中の絶対に譲れない部分「講師・セラピストとして、僕と同じように苦しんでいる人に貢献する」を心から理解してくれていたのです。

さらに嬉しいことは続きました。

その後しばらくたってから妻はこんなことを言ってきたのです。

「私も一緒に学びに行きたい」

まさに千万の味方を手に入れた氣分でした。

僕は、その当時勤務していた研修会社を退職し、このハワイでの学びにすべてをかけることにしました。

しかし、さらに**【お金の壁】**は高く厚くなりました。

妻も参加するとなれば、単純に計算しても費用は倍（８００万円）になるのです。

7 お金は「つくる」もの

僕は、銀行から融資を受けることにしました。それには保証人が必要です。

僕は、義理の父である妻の父親に頼むことにしました。

もはや僕一人の問題ではありません。情熱だけでなく、現実的な見通しを示す責任がありま
す。

僕は「逆点の発想」をして、道を開きました。どんな発想か？

その前に考えていただきたいことがあります。

「お金があれば、やる」

「お金がなければ、やらない」

僕らは、手元のお金の有無でどれだけ人生の幅を決めているのでしょうか。

「お金がないからあきらめる」

誰もが当然のように思い、口にする理由です。

しかし、これは想像以上に根深くあなたの人生を支配していきます。

【ステップ1】 お金がないからあきらめる。
【ステップ2】 すると、満たされなかった好奇心だけが残ります。
【ステップ3】 それが続くと、好奇心があることが辛くなります。
【ステップ4】 そこで好奇心を持たないように生きていくようになります。
□ 出かけることが減っていきます。
□ 本も読まなくなります。
□ 新しい出会いを避けるようになります。
【ステップ5】 最終的には、元氣がなくなり「生ける屍」のようになるのです。

僕は、そうはなりたくなかった。

その時の僕は、「学び」を通して、どうしてもやりたいことを見つけていました。

何よりも信じていることがありました。「自分には価値がある」と。
だから僕は、こんな結論に至りました。
「お金がないなら、お金をつくる努力をしよう」と。

「お金をつくる」

この「逆転の発想」が、僕にあらゆるものを与えてくれました。
行動力、アイディア、交渉力、知恵、チャンス……。
僕は、そこでありえないことを思いつきました。

8 人生を変える人の口ぐせは「だからこそ」

僕は、こんな提案をもって、研修会社をまわりました。
「今度、世界最先端の心理学の資格をハワイで取得し、日本人として初めて講座を行うのです

が、興味はありませんか？　日本人の情熱を一緒に高めていきませんか？」

当然、僕はまだ認定講師ではありません。それどころか学びにも行っていません。

普段の僕ならば、絶対できなかったことです。

ありがたいことに、この提案を受け入れ、僕の定期講座を開催してくれる会社があったのです。しかも月額30万円の報酬で1年契約。これがあったので、義父に自信をもって保証人になってもらえたのです。

「果たしてきちんと学べるのか」「学んでもきちんと日本で活かしていけるか」もはやこんな不安を言っている場合ではありません。

「なんとしても身につけてみせる！」「信頼してくれた方に報いてみせる！」

もちろん第1期生という不安はありました。しかし、同時に誇りもありました。

それは、**「講師」から「教育者」の自覚を持った瞬間**でした。後に続く素晴らしい人材に自分の背中を見せていく。

そのためには、自分自身が人生をかけて学び・実践をする必要があります。

本氣の66日間でした。

講座の後は、補講にも毎回参加し、ホテルに戻った後は夫婦で復習をしました。

毎朝行われる自主的な勉強会にも必ず参加しました。

「先にお客様を見つけ、覚悟を決めてから本氣で学びはじめる」

後にレイキの指導者資格をとった時も行ったアイディアです。

「まだ準備ができていないから」

「まだ力が十分でないから」

「まだタイミングではないから」

僕らは、こんな言い訳をして、自分の価値を提供することをためらっています。

しかし、人生の価値は広げていくものです。

「豊かさ」も「幸せ」もそこからしか始まりません。

文豪ゲーテは言います。

「財貨を失うのは、少し失うこと。それはまた働いて蓄えればよい。名誉を失うのは、多くを失うこと。しかし、名誉を挽回すれば、世の人は見直してくれるであろう。

勇氣を失うのは、すべてを失うことだ。それはこの世に生まれてこなかったほうが、よかっ

たであろう」

今回の冒険では、僕は多額の投資をしました。

しかし、「失った」とは思いませんでした。

必ず、投資を回収する氣持ちでいました。そして投資と同時に回収の目途《めど》を立てられました。

そして、2つの勇氣を示すことができました。

（1）自分の価値を信じる勇氣

（2）自分の価値を広げる勇氣

もし、この「勇氣」を示さずに「冒険」から逃げたらどうなっていたか？

おそらくは、その後の人生は後悔に満ちて「生ける屍」のようになっていたことでしょう。まさに、「すべてを失っていた」。

そして、今だからわかることがあります。

お金の壁。
時間の壁。
他人の賛同の壁。
これらの壁は僕にたった一つのことを尋ねるためにそびえ立っていたのです。
心からやりたいこと、人生の使命を目の前にして、どんな困難があろうと、
「お前は、それでもやるのかい？」と。
僕は答えました。
「だからこそやる」と。

お金がない。「だからこそ」お金をつくり出すことを学ぶ。
時間がない。「だからこそ」時間を生み出すことを学ぶ。
人から批判される。「だからこそ」話し合い、協力してもらうことを学ぶ。

人生を変える人の口ぐせは「だからこそ」です。
そして、心からやりたいことなら、やらない理由をやる理由に変えます。

それが、新しい人生をつくっていきます。


この一言が言えるのはなぜか？

それは、ただ1つ「自分には価値がある」と心から信じているからです。

だからこそ「癒し」の力が人生を推進させるのです。

9 「癒し」は限界を突破させてくれる

「冒険とは、自分の安心領域を広げること」

僕の安心領域は格段に広がっていました。そして、また新たな冒険にたどりつきます。

自己投資をより早く回収するため、僕はこんなアイディアを思いつきました。

どうせハワイに長期滞在するのだから、ハワイを活かした有意義な企画はできないか。

そこで日本初となる、こんなセミナーとツアーが生まれました。

「ドルフィン・オーシャン・スイム」。

ハワイ島のコナで、野生のイルカと遊びながら「癒し」を得るセミナーを計画したのです。

「野生のイルカと遭遇したり遊んだりすることで、人は癒され、その後の人生を変えてしまう」

イルカは、「癒し」の象徴であり、「遊び」の象徴です。

僕のワクワクは止まりませんでした。

とはいえ、水族館ではありません。

野生のイルカは氣まぐれです。

そしてテレパシー能力を持ち、波動が合わないと、絶対に接近してきません。

最初は、イルカに会いたいという一心で波間に漂い、瞑想などをします。

そして、双眼鏡を携えたスタッフがイルカの接近を知らせると、みんなで、そこまで泳ぎにいくのです。

30名ほどの参加者は、女性が8割。僕も含め泳ぎは不得手でした（そのためにライフジャケットと浮き輪をつけていました）。足が届かないところへ行くのは危険が伴います。

しかし、いざイルカを見つけるとみんな全力ではしゃぎながら沖合いまで泳いでいくのです。

夜は夜で、それぞれのイルカ体験を真夜中まで語り合い、翌日は睡眠不足などかまわず、6時頃から海でイルカを待つのです。そんな日々が4日も続きますが、みんなますます元氣になっていくのです。

そして、最終日。

沖合いで僕らは100頭余りのイルカの群れと遊ぶことができたのです。

水面から顔を上げれば、イルカが回転しながらジャンプをする。

水中に潜れば、調和を保ち、優雅に泳ぐイルカの姿が見える。

セミナーは、大成功のうちに終わりました。

僕は、この時に理想の人生を垣間《かいま》見ました。

「癒し」を求め、楽しんだり、興奮したりしているうちに、想像以上のエネルギーがあふれ、思いもしないことを成し遂げる。

その結果、さらに大きな「癒し」を手に入れることができる。

こんな人生を命の尽きる日まで送りたい。

僕は強く心に決めました。

10 人生の2度目の幕は、自分で上げる

ここまでお読みいただいて、ありがとうございます。

(1) お金・時間・他人の賛同の壁を突破して、自分の教育者としての未来にかけたこと

(2)「ドルフィン・オーシャン・スイム」を企画し、実行したこと

この2つの冒険は、僕の人生を大きく変えてくれました。
いや、むしろ、ようやく本当の人生の幕が開いたのです。
帰国後の僕らを待っていたのは大きな物語の渦《うず》でした。

・メンターであるクリストファー・ムーンさんや、

バシャール（ダリル・アンカ氏）との出会いと、そのセミナープロモート

・生涯の盟友である本田健さんとジュリアさん夫婦との出会い

・息子の誕生と育児休暇をとる決意

・レイキとの出会い

・ヴォルテックス（会社）の設立

・初めての著書『癒しの手』の出版

これらの大きな出来事がその後3年以内に起きたのです！

波乱万丈の日々でした。正直いって、辛いことや大変なことも多々ありました。

しかし、僕には確信がありました。

「自分の大好きなこと」を

「大好きな人たち」と

「大好きな場所」で

「望む限り」している！

11 次は、あなたの番です！

今、この瞬間を生きているという実感は、かけがえのないものでした。
この実感は、還暦を迎えた今も、そしてこの先、命が尽きるまで続くことでしょう。
そんな人生には数多くの報酬が待っています。

「スキル」「知恵」「豊かさ」「愛情」
「仲間」「メンター」……

癒され、学び、冒険をするまでは、いくら求めても手に入らなかったものが、注ぎ込まれるように僕のもとに来たのです。

だから、僕はあなたに問いかけたい。


「あなたは、いつ『冒険』をしますか？」

「あなたは、いつ本当の人生を始めますか？」


それがどのようなものになるかは、僕にもわかりません。

ただ少なくとも、僕にあったように、想像もしなかった次元が変わるような人生が待っているでしょう。そして、今のあなたにはそのためのすべてがそろっています。


あなたは、この本を通して、「癒し」と「学び」と「冒険」について誰よりも深く学ばれました。もし望むのであれば、さらに力になれる「環境」や「方法」、そして同じ夢を持つ「仲間」も、あなたを待っています。

そして、この時代は、そんなあなたを成功させたくて、仕方がありません。

現代は……、

人類史上、最も多くの人に会うことができます。

人類史上、最も多くの場所に行くことができます。

人類史上、最も多くの学びができます。

人類史上、最も多くのテクノロジーを活用することができます。

人類史上、最も多くのことを成し遂げることができます。

人類史上、最も長く人生を謳歌することができます。


しかも、年々、その可能性が広がっているのです。

あなたの命の炎が燃え尽きるまで、この世界を、この時代を輝かせることができるのです。

そのドラマも始まりはたった一言です。

「**自分には価値がある**」**と。**

さあ、次はあなたの番です。

あなたの旅立ちを心より祝福します。

おわりに／この完璧でない世界を旅しよう！

「癒し」の本質は、remember（思い出す）。

その意味は、「バラバラになって孤立したものが、もう一度、大きな存在の中の大切な一員に戻ること」。この本で繰り返しお伝えしてきたことです。

僕らは、成長し挫折と失望を繰り返すうちに、自分の価値を疑うようになります。

いつしか「取り越し苦労」と「持ち越し苦労」に足をとられ、今この瞬間にエネルギーを注げなくなります。

このサイクルから抜け出す方法は、「学ぶ」ことです。

「学び」はあなたに新しい選択肢と可能性を示してくれます。

さらに、その選択肢と可能性を実行するには、「癒し」が必要になります。

「自分には価値がある」と心から感じ、自分の「安心領域」を確かなものにできて初めて、人は一歩を踏み出せるからです。

「癒し」を学び、身につけ、習慣にすると、徐々に自分の「安心領域」を広げていくことができます。これを「冒険」といいます。

そして、この「冒険」が人生のステージを広げてくれます。

この繰り返しの中で、人は思い出します。

（1）人間は、そもそも完璧な存在であったこと
（2）自分は果たすべき使命があって生まれてきたこと
（3）自分はありのままで素晴らしいこと

でも、こんなことも思ったかもしれません。

「なぜ、remember（思い出す）必要があるんだろう。

それならば、最初から忘れなければいいのに」

「本質的に素晴らしくて完璧な存在なら、なぜこんなに苦労が絶えないのだろう」

僕も、何度も何度も考えました。そして、こんな考えにたどりつきました。
人間は生まれる前は、「完璧」な世界に住んでいました。
望むものは、何でも一瞬で手に入る「完璧」な世界です。

しかし、そんな世界でもやがて問題が起きます。
それは「退屈」と「成長しない」ということ。

そこで、僕らは考えました。

「退屈を感じないために、そしてさらに成長し、発展していくために、あえて、完璧でない世界に行ってみよう」

そして、僕らは生まれてきました。

ご存じの通り、僕らが生きる今の世界は、制限と問題だらけです。

「完璧」とはほど遠い。

でも、それこそが僕らの求めていたことでした。

「寒さ」の中にいなければ、「あたたかさ」を感じることはできません。

「苦しみ」の中にいたからこそ、深い「やすらぎ」を感じることができるのです。

「孤独」の中にいたからこそ、「絆」を深く感じることができるのです。

そうです。

「完璧」な世界では、僕らの本当の価値に氣づくことはできなかったのです。

だから僕らは、制限と問題を感じながら、そのたびに少しずつ自分の価値を思い出していくのです。

この人生のすべてを使って。

でも、いいことも結構あります。

□ 自分が完璧でないからこそ、学び成長することができます。
□ 自分が完璧でないからこそ、相手の痛みや悩みに寄り添えます。
□ 相手が完璧でないからこそ、価値を与え貢献することができます。
□ 世界が完璧でないからこそ、みんなで力をあわせてつくっていくことができます。

「癒し」の力は、あなたにまるで赤ちゃんの頃のようなエネルギーと好奇心と無限の可能性をもたらしてくれます。

でもそれは、あなたを赤ちゃんに戻すものではありません。

それまであなたが背負ってきた人生は、何も変わることはありません。

でもそこに、大きな意味があります。


本当にあなたが癒される瞬間とはいつか。

それは、

「あなたが、かつてのあなたと同じ悩みや痛みを持った人を癒した瞬間」

です。

僕は、30代半ばまで、「健康」も「豊かさ」も「パートナーシップ」も、あらゆる分野で悩み苦しみました。

だからこそ多くの方を癒すことができ、そのたびに過去の自分自身が癒されています。

この世界は、明日もおそらく「完璧」にはなりません。

でも確実によくする方法はあります。

それは、1人でも多くの方に、自分には価値があることを思い出してもらうことです。

そこで活躍できるのが、僕やあなたのような「癒し」の力を持った仲間なのです。

あなたの「癒し」を待っている人は必ずいます。

そんな人に出会ったら、どうか恐れず、あなたの持つ「癒し」の力で寄り添ってあげてください。

それが実は、あなたにとっても最高の「癒し」なのです。

そんな日々は、決して孤独ではありません。

同じ志を持った仲間が必ずいます。

僕自身もあなたに恥ずかしくないようにさらに研鑽《けんさん》を重ねて、いつか実際に会える日を楽しみにしています（わりとすぐかもしれません）。


すべての終わりは、すべての始まりです。

ですから「さようなら」は言いません。

また、お会いしましょう！


最後に本書が出来上がるまで本当に多くの方々にご支援、ご協力いただきました。本当にありがとうございます。

何度も挫《くじ》けそうになっているところを支えてくださった、きずな出版の岡村季子さん、また僕の考えを整理し、体系化するためにご尽力くださった、クロロスの藤吉豊さん、小川由紀子さん、アイカラーズの時任悟さん、そしてヴォルテックスの僕のブレーン・岡孝史さん、皆さんのご支援がなければこの作品は出来上がることがありませんでした。

さらに本書は今まで関わった受講生の皆さんや関係者の皆さんから教えていただいたことがベースとなっています。

その中でも僕のメンターでもある、チャック・スペザーノ博士、クリストファー・ムーン氏、本田健さんには人生を導いていただくと共に「癒しの力」を引き出す機会をいただき、今回、このような本を上梓《じょうし》させていただくこととなりました。

さらにヴォルテックスで「無限の可能性を開き、素晴らしい人生を歩む」お手伝いをしてくださっている廣野慎一さん、神戸正博さんという講師と井田如信さんをはじめ、僕を支え続けてくださっているヴォルテックスのスタッフに心より感謝申し上げます。

スタッフ1人ひとりの尽力により、使命を日々果たすことができ、多くの人たちと関わることができています。ありがとうございます。

望月俊孝

今回は『癒しの力』を
お読み頂き ありがとうございます。
ご縁頂いたあなたに メッセージを
お届けしますので ご覧下さいね。

叶う夢だから
心に宿る

望月 俊孝

感謝

望月のメッセージと
プレゼントはこちら

http://takaramap.com/18

●著者プロフィール

望月俊孝（もちづき・としたか）

1957年山梨県生まれ。中学時代より、イメージ・トレーニング、瞑想法、成功哲学などに興味を持ち、独自に研究を始める。上智大学法学部卒。自動車販売会社を経て、1984年、能力開発セミナー会社入社。チーフ・インストラクターとして、年間約150日以上、全国で講座・講演を行う。1991年、ヴィジョン心理学（チャールズ・スペザーノ博士創始）カウンセラーの資格を取得。1993年、ヴォルテックス設立。現在、夢実現（宝地図）、ヒーリング（レイキ・癒し）、セルフイメージ向上（エネルギー・マスター）を主体とする人材教育に関わっている。レイキ・ヒーラーを44,258名養成（2017年5月末現在）。

著書に、『癒しの手―宇宙エネルギー「レイキ」活用法』（たま出版）、『幸せな宝地図であなたの夢がかなう』（ダイヤモンド社）、『ワクワクしながら夢を叶える宝地図活用術』（ゴマブックス）、『9割夢がかなう「宝地図の秘密」』（中経出版）、『お金と幸せの宝地図（DVD付）』（マキノ出版）、『夢をかなえる習慣力』（実業之日本社）ほか著書累計75万部発行。7ヵ国語で翻訳出版。

□ ヴォルテックス・レイキヒーリングシステム
https://www.reiki.ne.jp/
□ 宝地図公式サイト
https://www.takaramap.com/

癒しの力
お金・時間・他人にコントロールされない生き方

2018年3月 1 日　初版第1刷発行
2018年3月20日　初版第2刷発行

著　者　望月俊孝
発行者　櫻井秀勲
発行所　きずな出版
東京都新宿区白銀町1-13　〒162-0816
電話 03-3260-0391
振替 00160-2-633551
http://www.kizuna-pub.jp/

ブックデザイン　福田和雄（FUKUDA DESIGN）
印刷・製本　モリモト印刷

　ISBN978-4-86663-026-7

きずな出版